목차

원리가, 이유가, 재미가 모양에 있다!

01	새들마다 왜 **부리** 모양이 다른 걸까?	004
02	**물방울**은 왜 둥근 모양일까?	007
03	**병뚜껑**이 왜 톱니바퀴처럼 생겼을까?	008
04	**핵폭탄**은 왜 터지면 버섯 모양이 될까?	010
05	**달**은 왜 자꾸 모습이 바뀔까?	012
06	**고양이 혓바닥**에는 왜 돌기가 있을까?	014
07	**지퍼**는 왜 그렇게 생겼을까?	016
08	**나이테**는 왜 원이 여러 개 겹쳐진 모양일까?	018
09	**음료수 캔**은 왜 원기둥일까?	020
10	**무지개**는 왜 반원 모양일까?	022
11	**다이아몬드**는 왜 그런 모양일까?	024
12	**블록 인형 머리**에는 왜 구멍이 있을까?	029
13	**다리**의 모양은 왜 서로 다른 걸까?	030
14	**눈**은 왜 결정마다 모양이 다를까?	034
15	**모기향**은 왜 달팽이 모양일까?	036
16	**약**은 왜 모양이 제각각일까?	038
17	**사탕 막대기**에는 왜 구멍이 있을까?	043
18	**탈모인**들은 왜 ㄷ자 헤어스타일을 고집할까?	044
19	**에스컬레이터**에 왜 솔이 달렸을까?	047
20	**커피**가 마르면 왜 띠가 생길까?	048
21	**위성 안테나**는 왜 접시 모양일까?	050
22	같은 제품인데 왜 **포장 모양**이 다를까?	052
23	**비스킷**에는 왜 구멍이 있을까?	057
24	**3D프린터**는 왜 하나부터 열까지 다를까?	058
25	**낙하산**에 왜 구멍이 뚫려있을까?	065
26	**종이컵** 끝은 왜 돌돌 말려있을까?	068
27	운동선수마다 **테이프** 모양이 왜 제각각일까?	071
28	**우주 식량**은 왜 찌부러진 모양일까?	073
29	**뚫어뻥**은 왜 반원형일까?	076
30	**사진**에 왜 점이나 고리 모양이 생겼을까?	077
31	**뇌**는 왜 호두 모양일까?	080
32	**풍력발전기** 날개는 왜 세 개일까?	081
33	**귀**가 왜 만두 모양일까?	083
34	**문**이 왜 빙글빙글 회전할까?	085
35	**논밭**에 왜 초대형 마시멜로 모양의 물건이 있을까?	089
36	**초콜릿**은 왜 결정 모양이 다를까?	091
37	**소염기**에는 왜 구멍이 뚫려있을까?	095
38	**뽁뽁이**는 왜 올록볼록할까?	097

39	**고속도로**에는 왜 홈이 파여 있을까?	099
40	**말발굽**에 왜 U자 철판이 박혀있을까?	101
41	**열쇠**는 왜 들쭉날쭉할까?	103
42	**라면**은 왜 꼬불꼬불할까?	105
43	**지문**은 왜 사람마다 모양이 다를까?	107
44	**구름**이 왜 UFO 모양처럼 생겼을까?	109
45	**불꽃**은 왜 꽃 모양일까?	111
46	**배**는 왜 유선형 모양일까?	113
47	**사막**은 왜 주름져 있을까?	115
48	**무한궤도**는 바퀴인데 왜 길쭉할까?	117
49	**연필**은 왜 육각형일까?	119
50	**만년필** 펜촉은 왜 갈라지고 구멍이 났을까?	121
51	**부메랑**은 왜 윗면이 볼록할까?	124
52	**도르래**는 왜 바퀴를 잔뜩 단 모양일까?	127
53	이 **빨대**는 왜 이렇게 생겼을까?	132
54	**의자** 다리는 왜 네 개일까?	135
55	**피자**에는 왜 삼발이 모양의 물건이 들어있을까?	138
56	회 밑에 깔린 **면 같은 것**은 무엇일까?	140
57	왜 같은 **세탁기**인데 모양이 다를까?	143
58	**손난로**에 똑딱이는 왜 들어있을까?	146
59	**압력솥**은 왜 정수리에 손잡이를 달고 있을까?	149
60	구기 종목마다 왜 **공** 모양이 다를까?	153
61	날개가 없는 모양의 **선풍기**는 정체가 뭘까?	162
62	**나사**는 왜 빙글빙글 홈이 파여있을까?	165
63	**액체**는 왜 왕관 모양으로 떨어질까?	168
64	**스포츠화**는 왜 그렇게 모양이 다양할까?	171

Question 01
새들마다 왜 부리 모양이 다른 걸까?

그 외에도 다양한 부리를 가진 새들이 이렇게나 많아.

알락꼬리마도요 — 갯벌 속에 깊이 숨어있는 칠게를 캐 먹는 부리

뒷부리장다리물떼새 — 얕은 물 속에 있는 게 따위의 갑각류나 곤충을 들어 올리기 편리한 부리

홍학 — 물을 머금은 다음, 플랑크톤이나 게처럼 작은 먹이를 걸러내서 먹는 독특한 부리

펠리칸 — 물고기를 한 번에 대량으로 퍼 올리기 좋은 부리 주머니

큰부리새 — 과일을 깨 먹기 좋은 큰 부리

솔잣새 — 솔방울을 벌려 씨앗을 꺼내먹기 위해 어긋난 부리

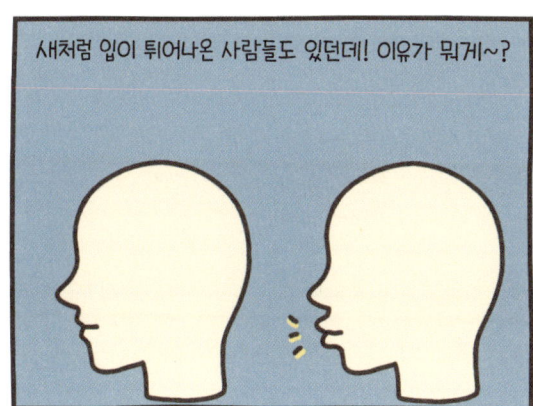

새처럼 입이 튀어나온 사람들도 있던데! 이유가 뭐게~?

그 사람의 조상들이 뽀뽀를 너무 좋아했기 때문이야. 사랑꾼이었던거지. 킥킥. 물론 농담이니까 그냥 잊어 버리라구~

갈라파고스 핀치새의 부리 모양

다윈이 발견하여 진화의 증거가 된 핀치새들의 부리 모습. 각기 사는 곳의 먹이에 따라서 부리의 크기와 모양이 다르게 진화했다.

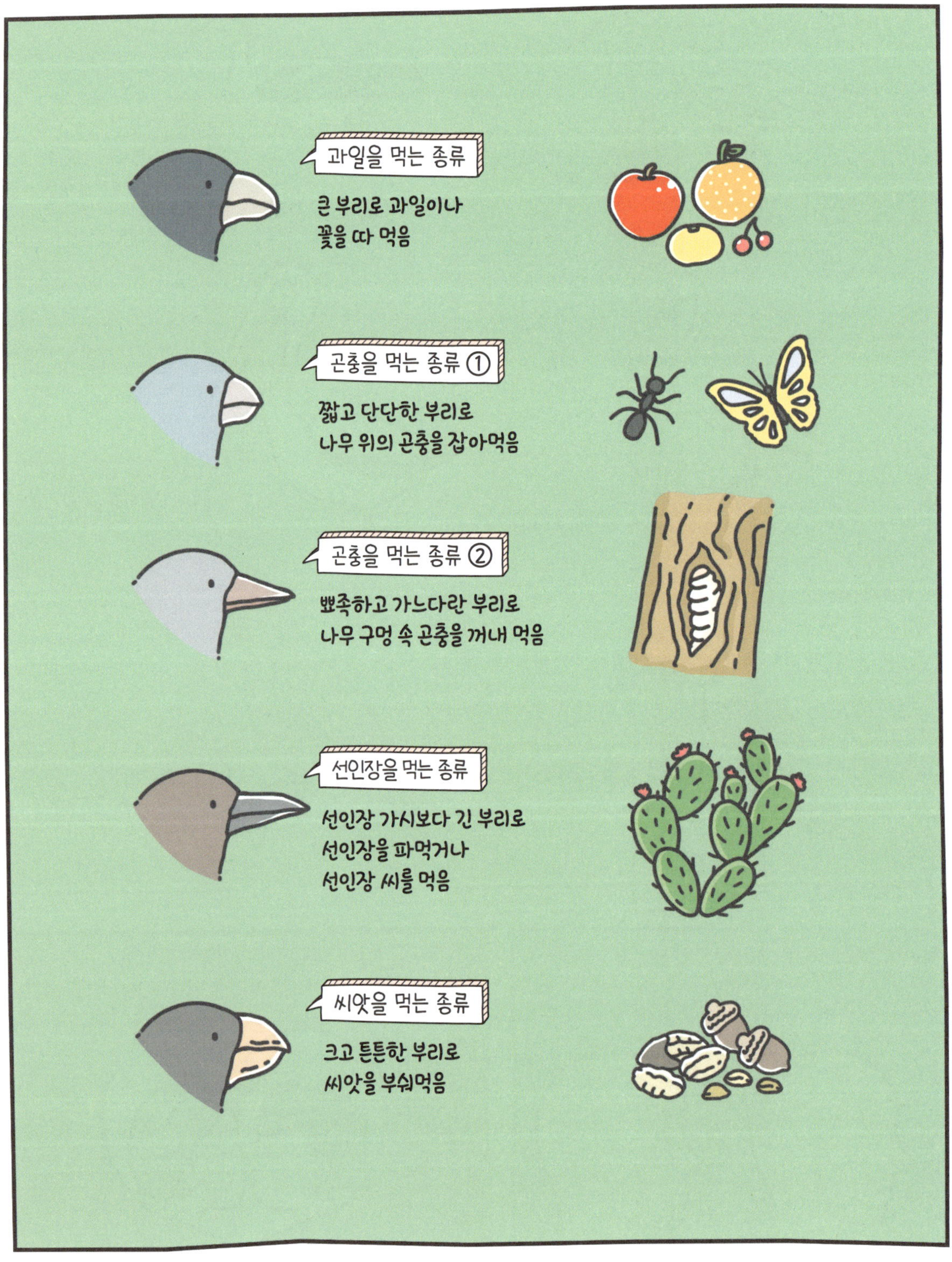

과일을 먹는 종류
큰 부리로 과일이나 꽃을 따 먹음

곤충을 먹는 종류 ①
짧고 단단한 부리로 나무 위의 곤충을 잡아먹음

곤충을 먹는 종류 ②
뾰족하고 가느다란 부리로 나무 구멍 속 곤충을 꺼내 먹음

선인장을 먹는 종류
선인장 가시보다 긴 부리로 선인장을 파먹거나 선인장 씨를 먹음

씨앗을 먹는 종류
크고 튼튼한 부리로 씨앗을 부숴먹음

Question 02
물방울은 왜 둥근 모양일까?

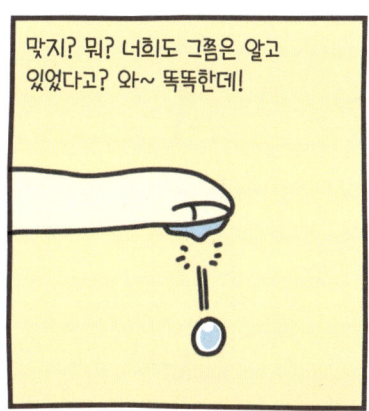

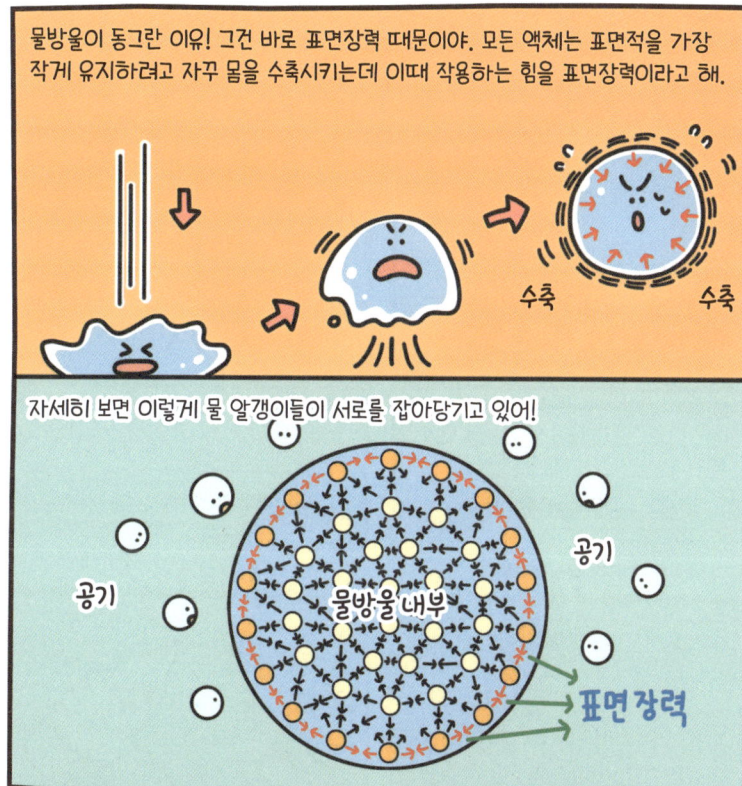

Question 03
병뚜껑이 왜 톱니바퀴처럼 생겼을까?

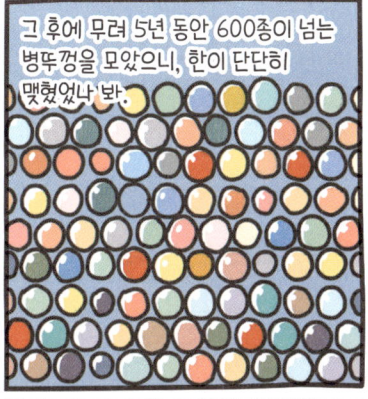

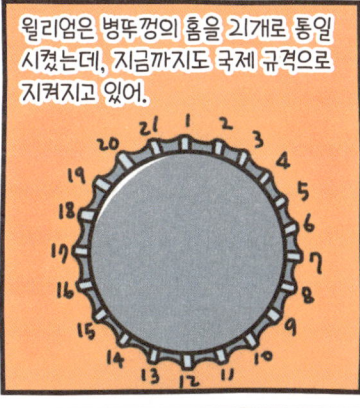
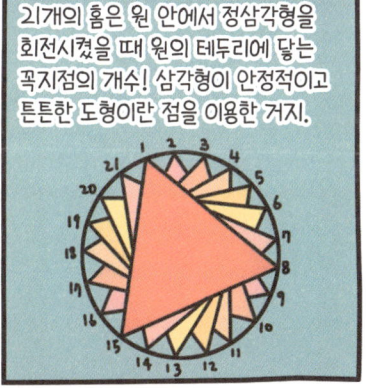

Question 04
핵폭탄은 왜 터질 때 버섯 모양이 될까?

Question 05
달은 왜 자꾸 모습이 바뀔까?

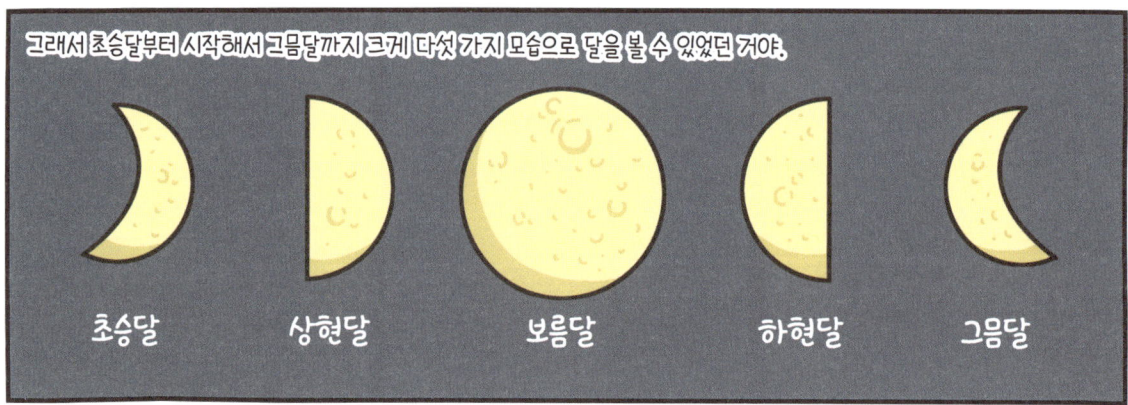

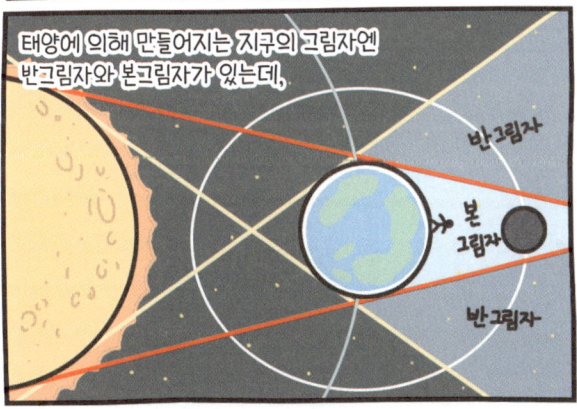

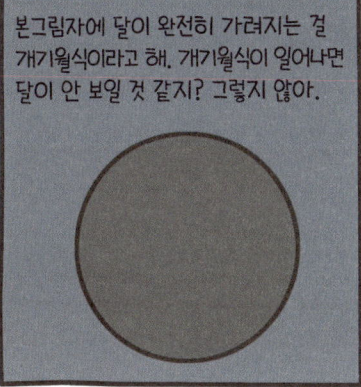

Question 06
고양이 혓바닥에는 왜 돌기가 있을까?

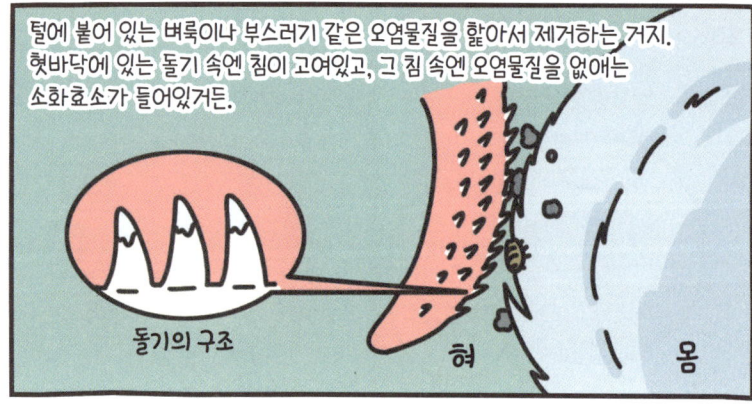

둘째, 그루밍을 통해 체온 조절도 할 수 있어.

고양이 평균 체온

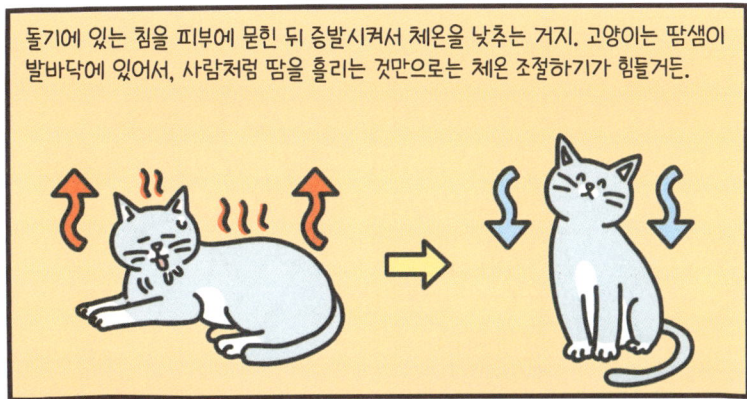
돌기에 있는 침을 피부에 묻힌 뒤 증발시켜서 체온을 낮추는 거지. 고양이는 땀샘이 발바닥에 있어서, 사람처럼 땀을 흘리는 것만으로는 체온 조절하기가 힘들거든.

마지막 이유! 혓바닥의 돌기는 식사를 위한 것이기도 해.

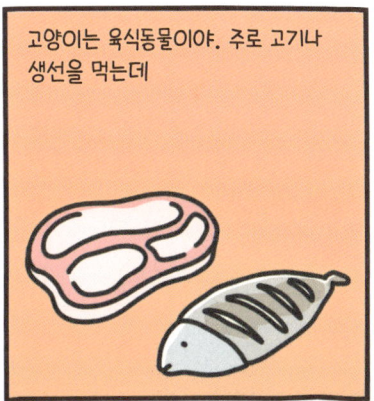
고양이는 육식동물이야. 주로 고기나 생선을 먹는데

그때 혀에 있는 돌기가 살점을 발라내도록 도와준다, 이거지.

사자나 호랑이, 퓨마 등 다른 고양잇과 동물들의 혀에도 고양이와 똑같은 구조의 돌기가 나 있어. 고양잇과 동물들에게는 이 돌기가 꼭 필요한 걸지도 몰라.

그런 의미에서 페르시안 고양이는 특별해.

털이 워낙 길고 풍성해서 돌기가 피부까지 닿지 않거든. 그루밍을 해도 털 관리가 안 되지.

그래서 사람이 직접 빗으로 관리를 해줘야 해. 고양이 팔자가 완전 상팔자지?

Question 07
지퍼는 왜 그렇게 생겼을까?

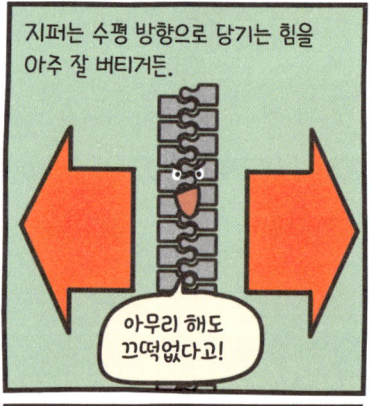

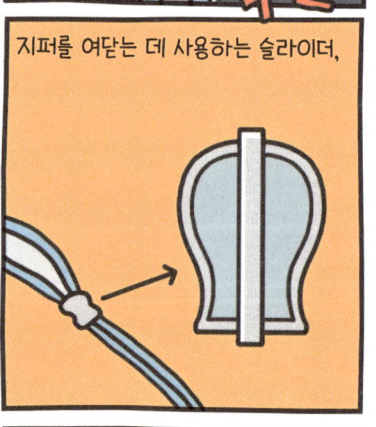

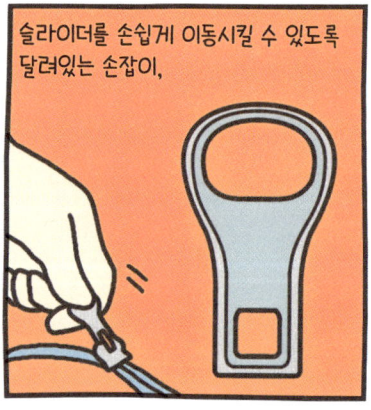

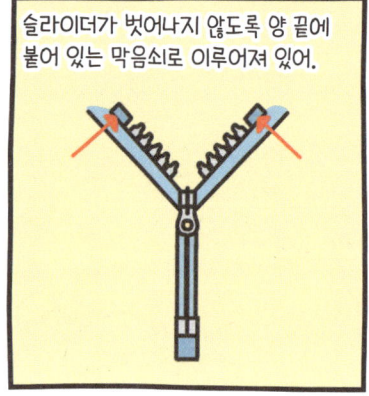

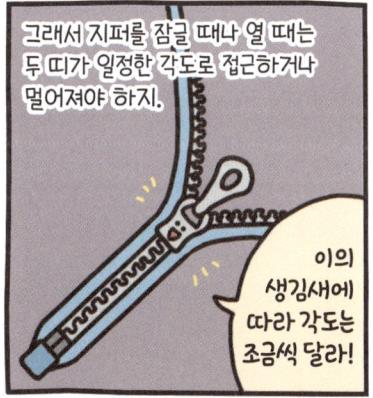
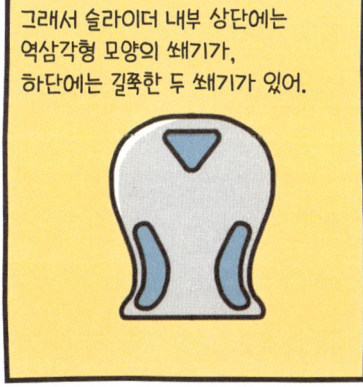
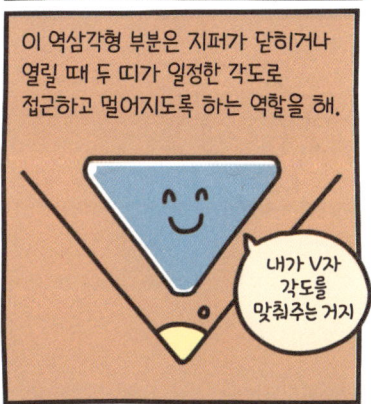

Question 08
나이테는 왜 원이 여러 개 겹쳐진 모양일까?

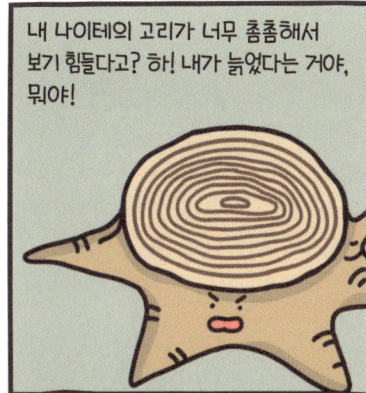

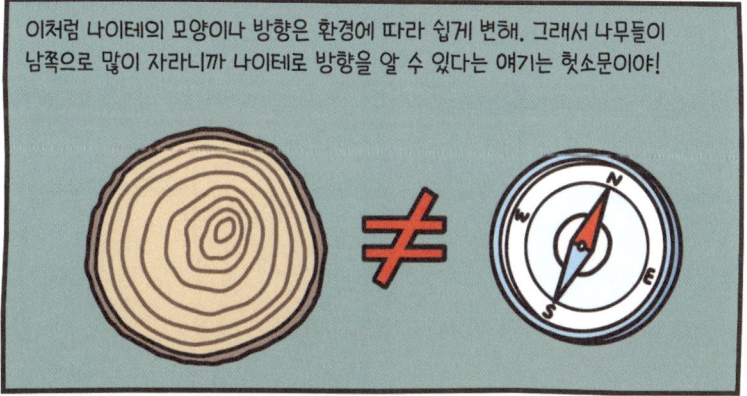

Question 09
음료수 캔은 왜 원기둥일까?

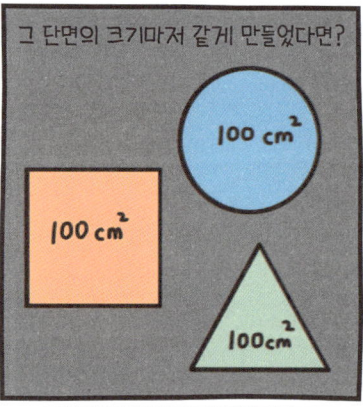
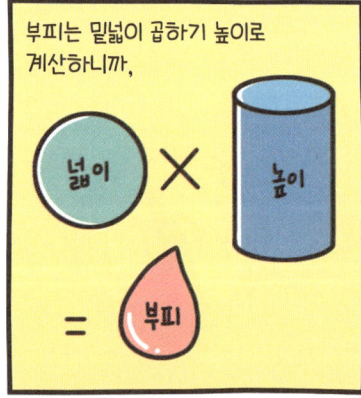

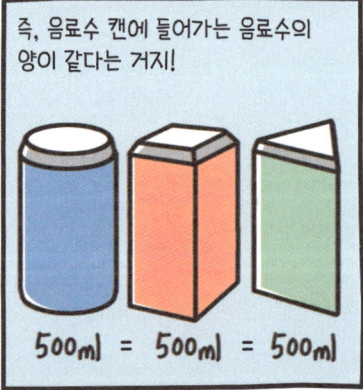

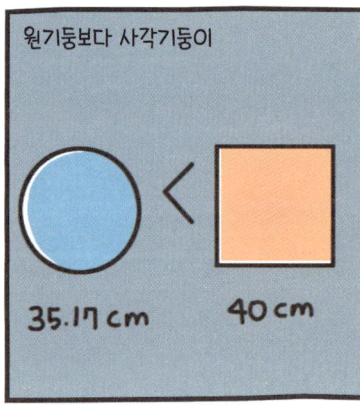
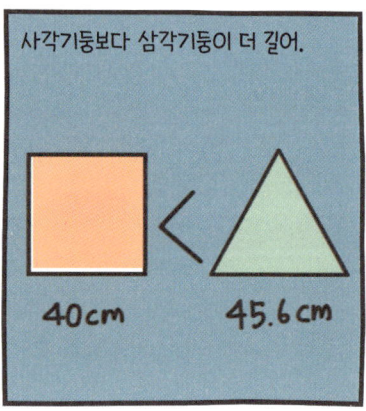

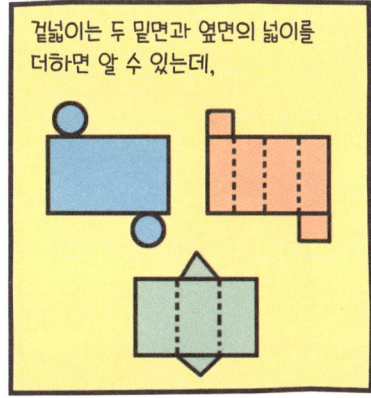

Question 10
무지개는 왜 반원 모양일까?

이번 이야기의 주인공은 누굴까? 색만 봐도 딱 알겠지?

바로 무지개야!

무지개는 왜 반원 모양일까?

아치형 다리나

헤어밴드,

또 부채처럼 말이야!

그 이유를 찾으려면 무지개가 생기는 두 가지 조건을 알아야 해.
두 가지 조건!

첫째, 햇빛이 낮은 각도에서 비쳐야 하고.

둘째로는, 대기 중에 물방울이 있어야 한다! 비, 안개, 이슬 같은 물방울 말야!

빛은 공기보다 물속에서 천천히 움직여.
물속이라 느려졌어!

그래서 빛이 물속을 통과하면 속도가 변하면서 진행방향도 꺾이게 돼.
뭐야, 내가 왜 이쪽으로 가는 거야?

이걸 굴절이라고 해. 빛이 휜 거지.

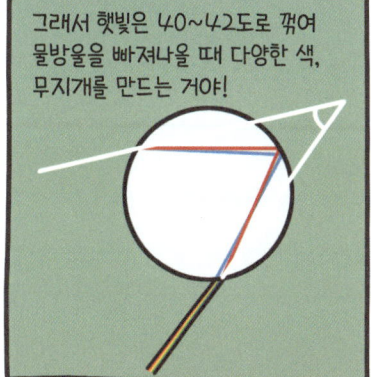

Question 11
다이아몬드는 왜 그런 모양일까?

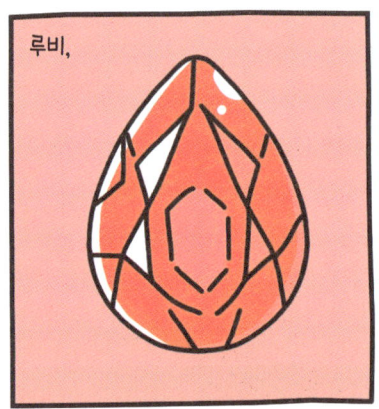

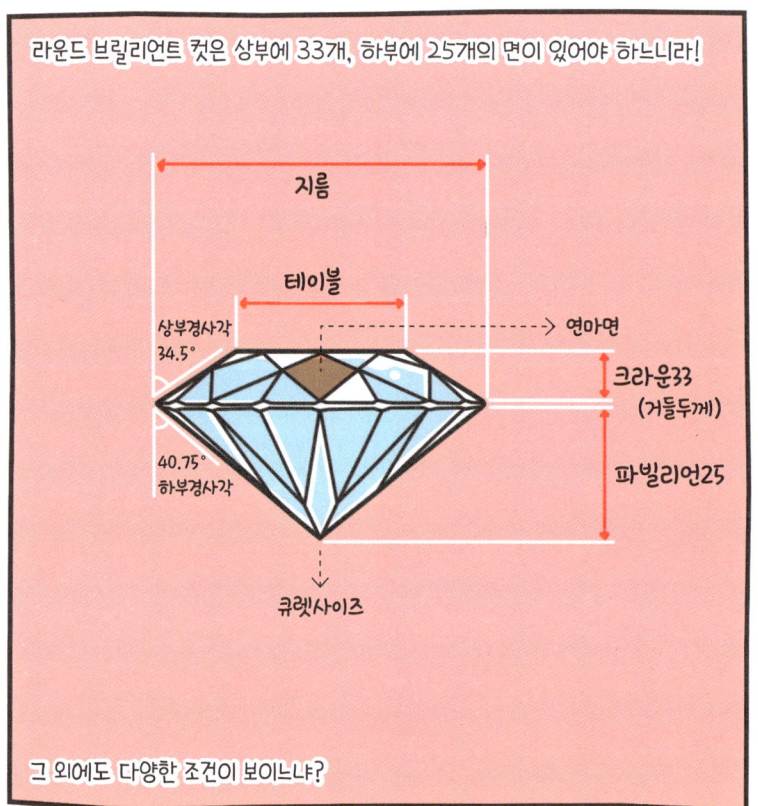

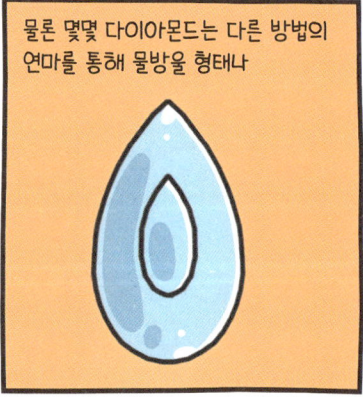

Question 12
블록 인형 머리에는 왜 구멍이 있을까?

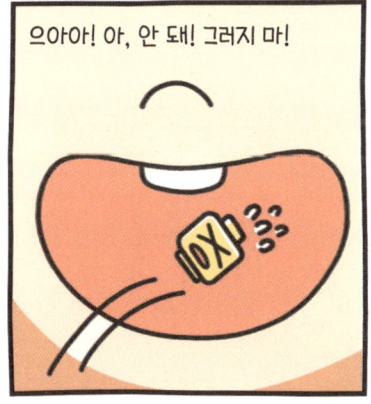

Question 13
다리의 모양은 왜 서로 다른 걸까?

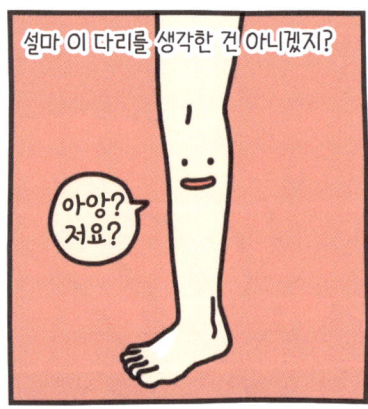

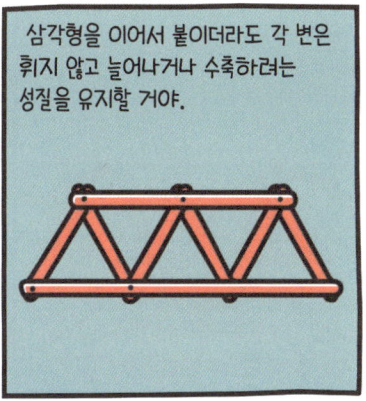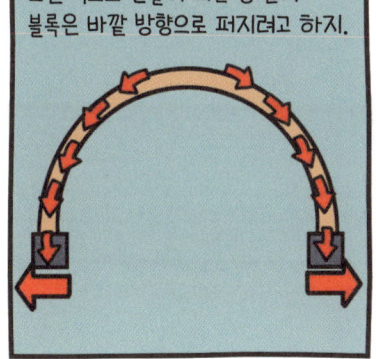

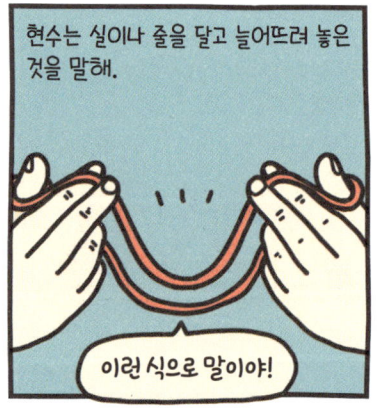

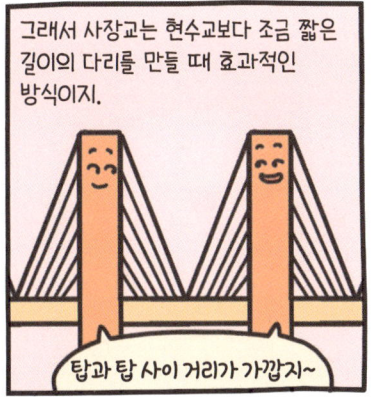

Question 14
눈은 왜 결정마다 모양이 다를까?

안녕! 나는 눈!

그럼 이건 뭘까? 맞아! 눈 결정이야!

내 몸은 눈 결정으로 만들어졌어.

결정들은 모양이 엄청 다양해. 왜인지 아니?

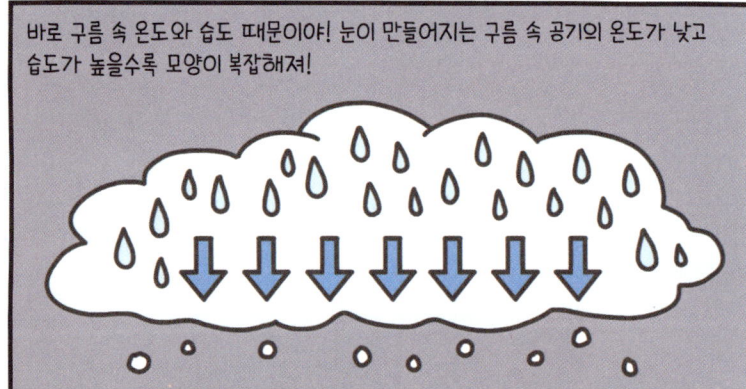
바로 구름 속 온도와 습도 때문이야! 눈이 만들어지는 구름 속 공기의 온도가 낮고 습도가 높을수록 모양이 복잡해져!

0~-2℃, -10~-20℃ 사이면 우리에게 가장 친근한 별 모양.

온도가 더 낮으면 기둥형,

또, 판 모양의 판상결정이 생길 수도 있어.

기온이 -10℃보다 높으면 바늘 모양이나

육각기둥형 결정이 만들어지기도 해.

이뿐만이 아니야! 눈 결정은 3,000종이 넘는데, 내가 조금만 알려줄게!

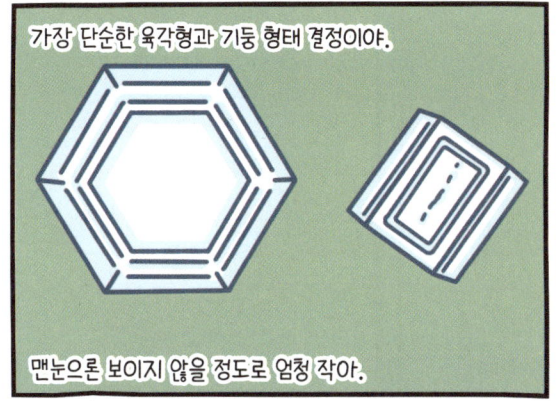

가장 단순한 육각형과 기둥 형태 결정이야.

맨눈으론 보이지 않을 정도로 엄청 작아.

이 피어싱 같은 모양은 일단 기둥이 만들어졌다가 구름으로 다시 들어가서 생겨난 모양이야.

모서리가 육각형인 결정은 가장 일반적이고, 그만큼 종류도 엄청 많아.

나뭇가지 같은 모양의 결정은 일반적으로 2~4mm 정도의 크기라, 맨눈으로도 볼 수 있어.

이건 12개의 가지를 가진 눈 결정이야. 사실 이 결정은 6개의 가지를 가진 두 개의 판이 틀어져서 12개처럼 보이는 건데, 예쁘면 된 거지, 아무렴 어때!

Question 15
모기향은 왜 달팽이 모양일까?

Question 16
약은 왜 모양이 제각각일까?

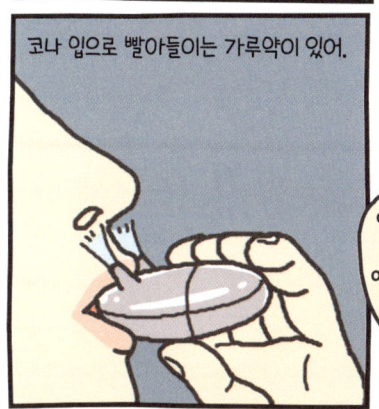

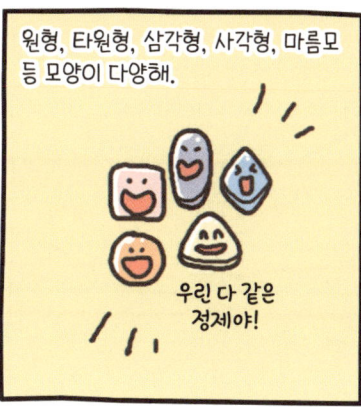

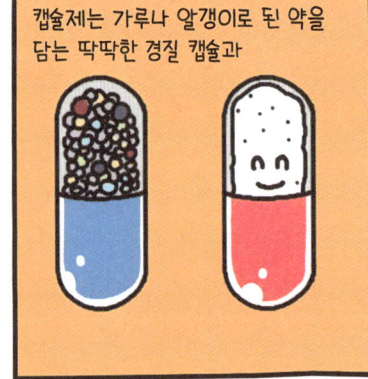

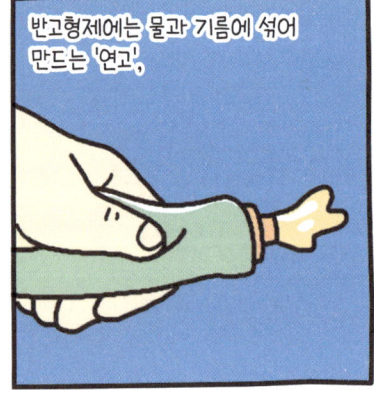

기름 위주로 만들어서 수분이 없다시피 하는 '크림',

손 소독제처럼 투명하고 끈적거림이 없는 '겔' 등이 있어.

먹는 약으로 피부의 상처나 병을 치료하기도 하지만,
여드름이 생겼네... 약 먹어야겠다.

아픈 피부에 직접 약을 바르는 게 보통은 약효가 더 빨리 나타나.

가루약이나 알약은 피부에 붙이기도 힘든 데다 체온으로 잘 녹지 않거든.
이게 뭐야!

반고형제는 부드럽기 때문에 피부에 쉽게 바를 수도 있고 잘 달라붙지.

패치, 파스는 피부에 붙여서 사용하는 약이야.

직사각형 형태가 많지만, 동전처럼 동그란 모양도 있어.
나처럼 생긴 패치도 있어!

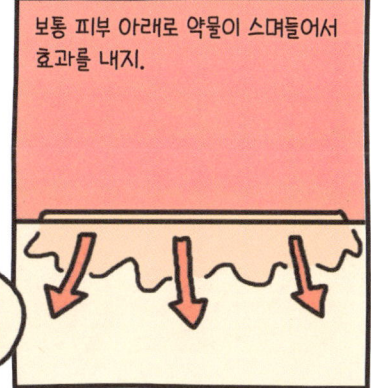
보통 피부 아래로 약물이 스며들어서 효과를 내지.

약물이 일정한 농도로 유지되고 약효가 오랫동안 지속된다는 장점이 있어.
나는 무려 3일이나 간다고!

주사제는 주사기를 통해 몸속으로 직접 들어가는 약이야.
난 먹는 약도, 바르거나 붙이는 약도 아니야!

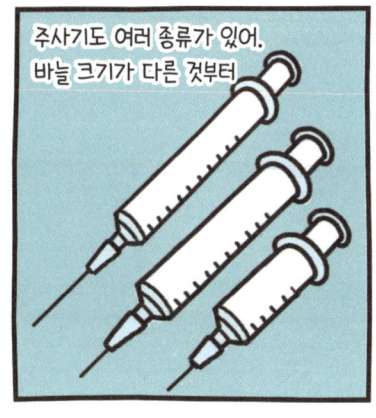
주사기도 여러 종류가 있어. 바늘 크기가 다른 것부터

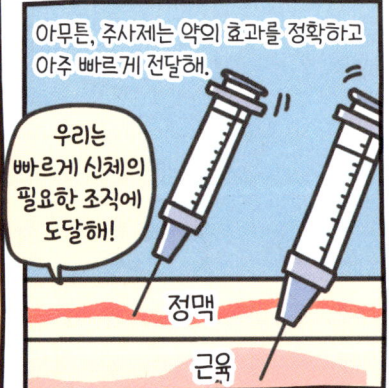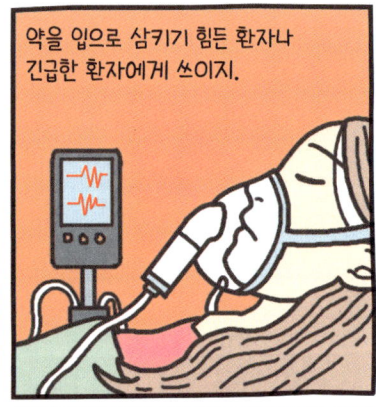

Question 17
사탕 막대기에는 왜 구멍이 있을까?

안녕? 난 막대사탕!

막대기와 사탕이 합쳐져서 막대사탕이라고 해!

이런 건 말하지 않아도 안다고? 확실히 그럴지도 몰라.

그래도 말이야, 내가 할 말이 있어. 어 그런데…? 누가 나를 먹는…

푸하! 안녕? 난 막대기! 사탕이 하려던 얘기를 마저 해줄게!

사탕은 이렇게 말하려고 했을 거야! '막대기에 뚫린 구멍에 대해선 잘 모를걸?'

내 머리와 뒤통수에 뚫린 구멍은 사탕을 고정하기 위해 있어.

구멍이 없으면 사탕이 똑 떨어질 수도 있거든.

사탕을 만들 때, 액체 상태인 사탕에 막대기를 꽂으면

막대기의 구멍을 사탕이 꽉 메워 줘. 단단하게 고정이 되는 거야.

일부러 사탕을 박살 내지 않는 이상, 막대기와 사탕이 분리될 일은 없지.

너희가 그렇게 잘났어? 내가 떨어뜨려 놓을 거야. 히히!

그래서 사탕을 입안에서 이리 굴리고 저리 굴리고 넣았다가 뺐다가 난리를 쳐도 멀쩡한 거야!

Question 18
탈모인들은 왜 ㄷ자 헤어스타일을 고집할까?

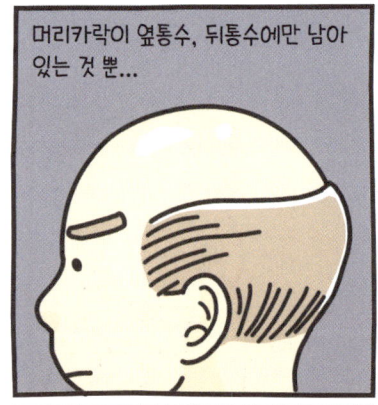

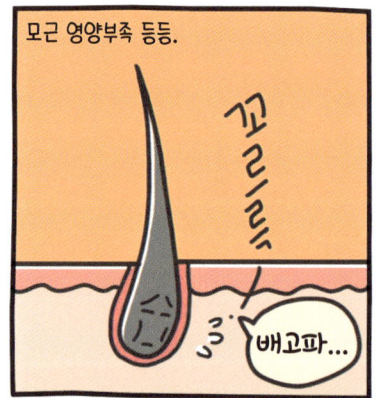

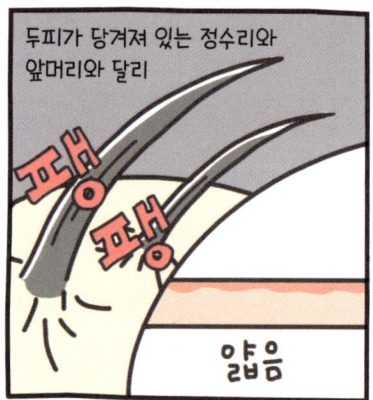
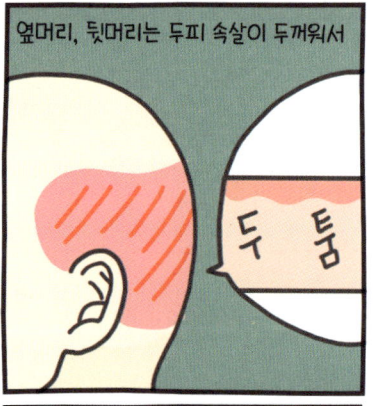

Question 19
에스컬레이터에 왜 솔이 달렸을까?

백화점이나 지하철에서 보신 적 있으시죠?

저는 에스컬레이터입니다.

그런데 저에게 올라타면서 이상한 거 못 보셨어요?

솔이요, 솔! 제 몸에 청소 도구처럼 생긴 게 달려 있잖아요!

가끔 보면 이 솔에 신발을 닦는 분이 계시더라고요…

경고합니다. 다시는 그런 짓 하지 마세요!

이 솔의 이름은 브러쉬.

신발 끈이나 다른 이물질이 끼지 않도록 막아놓은 가림막이거든요.

브러쉬에 신발을 닦다가 끼기라도 하는 날에는…! 상상도 하기 싫어요!

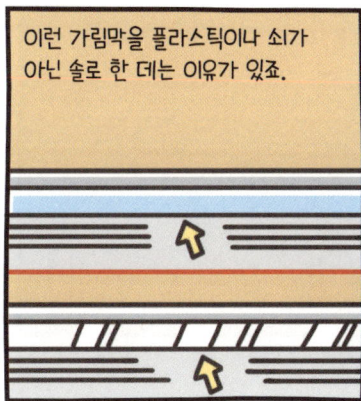
이런 가림막을 플라스틱이나 쇠가 아닌 솔로 한 데는 이유가 있죠.

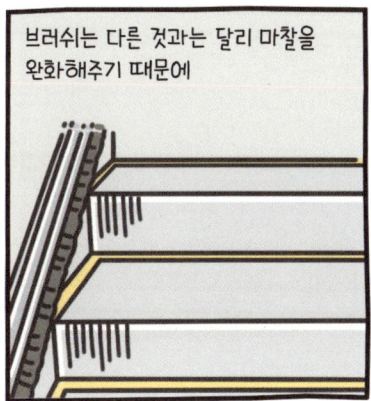
브러쉬는 다른 것과는 달리 마찰을 완화해주기 때문에

신발이 브러쉬에 닿아도 끼지 않게 막아주거든요. 그래도 항상 조심해요!

Question20
커피가 마르면 왜 띠가 생길까?

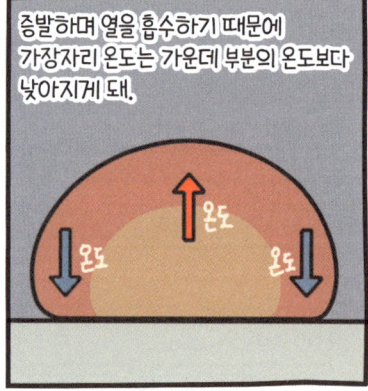

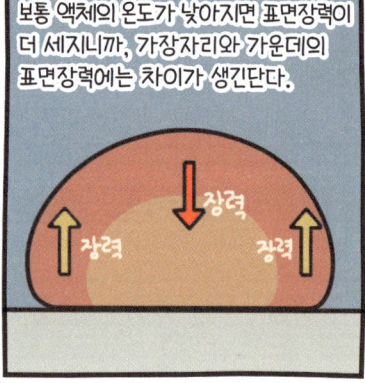

Question 21
위성 안테나는 왜 접시 모양일까?

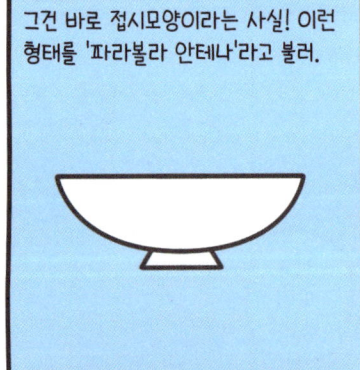

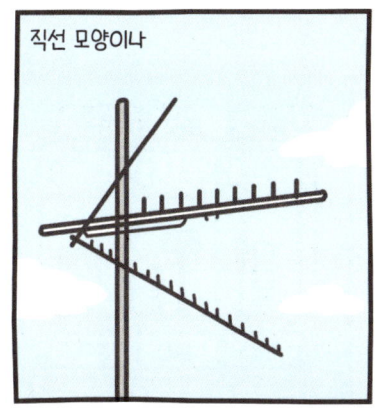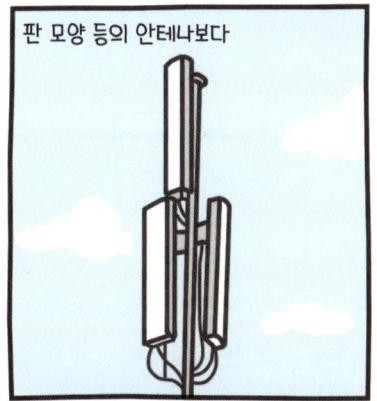

Question 22
같은 제품인데 왜 포장 모양이 다를까?

우리가 사는 물건들은 대부분 포장되어 있어.

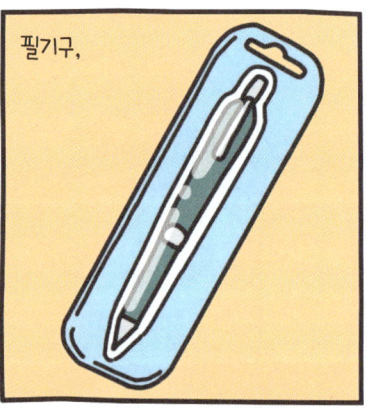

필기구,

아이스크림,

커피,

약 등등.

다만 알루미늄이나 종이, 플라스틱 등 쓰이는 재질이 다를 뿐이지.

여기서 질문!

뭔데? 뭐야, 뭐야! 빨리!

혹시 같은 제품인데 다르게 포장되어 있는 경우를 본 적 있어?

그럴 수가 있나?

예를 들면 고기나

과자처럼!

뭐하러 이런 수고를 들였을까?

그러게. 그냥 대충 한 곳에 때려 넣으면 그만 아닌가?

무슨 비밀을 숨기고 있는 거냐, 너!

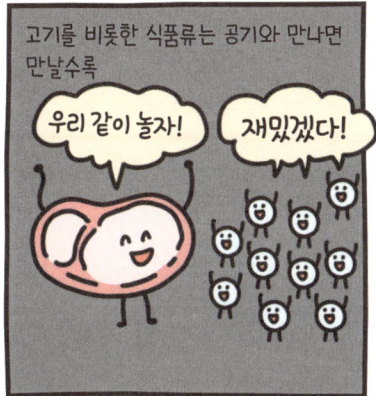
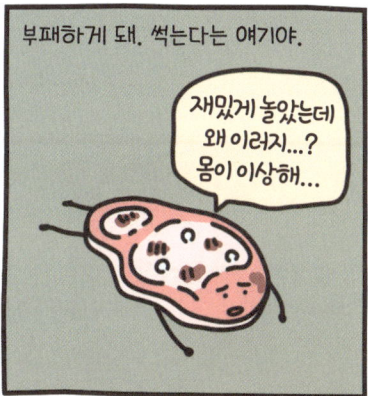

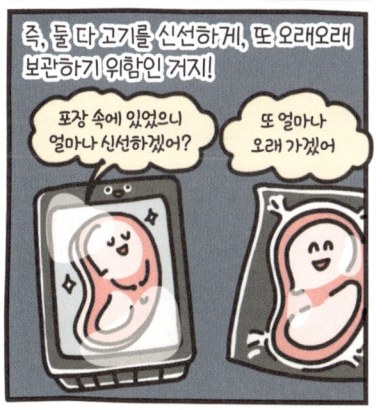

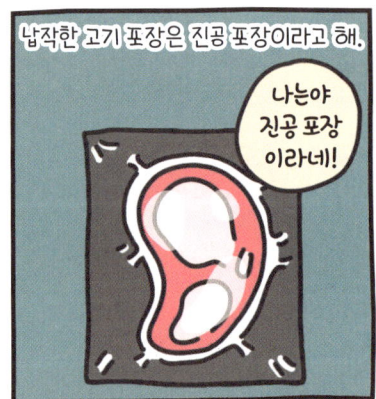

Question 23
비스킷에는 왜 구멍이 있을까?

Question 24
3D프린터는 왜 하나부터 열까지 다를까?

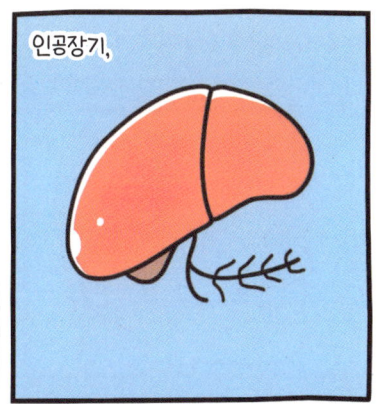

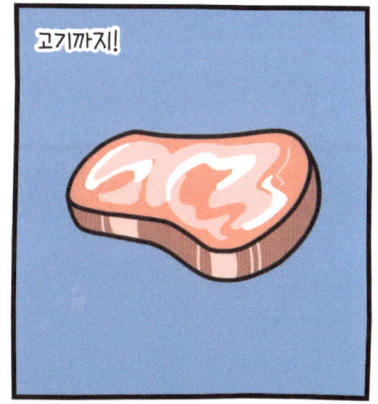

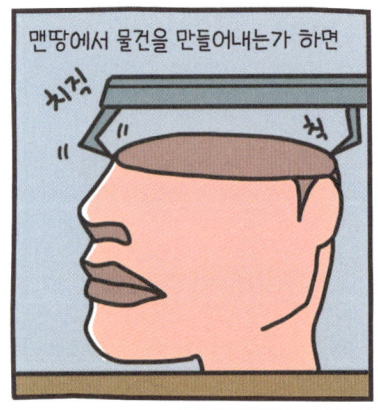

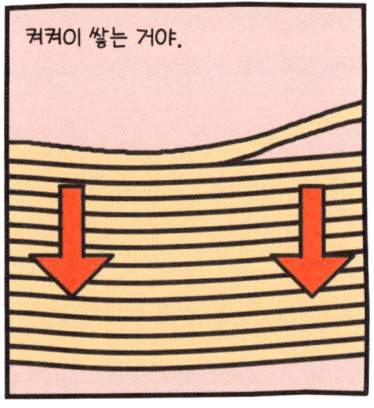

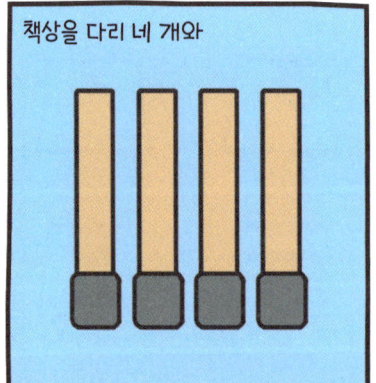

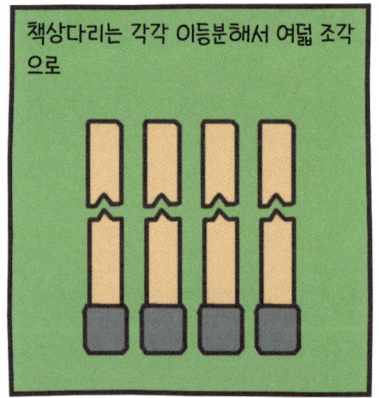
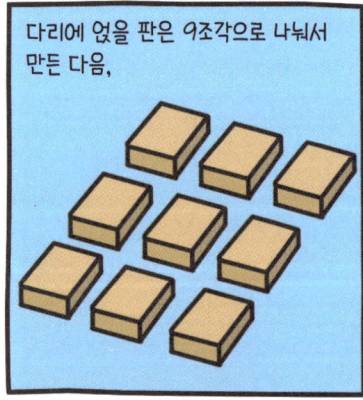

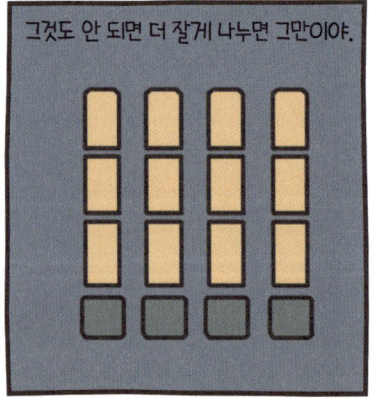

Question 25
낙하산에 왜 구멍이 뚫려있을까?

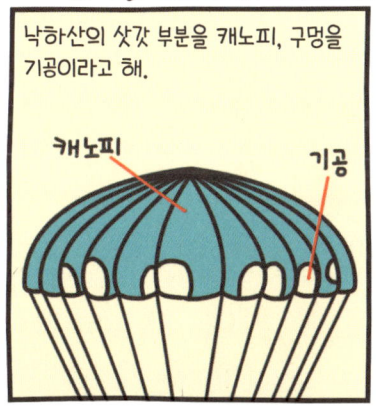

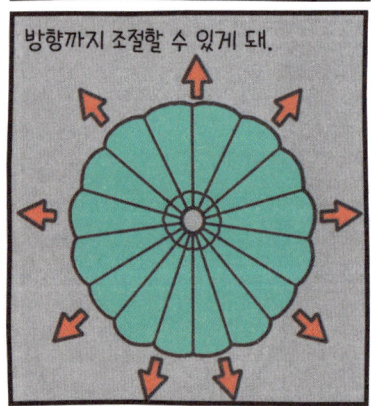

Question 26
종이컵 끝은 왜 돌돌 말려있을까?

그러고 보니 종이컵은 왜 끝이 둥글까? 말아놓으면 재료가 더 들어갈 텐데...

김 사원, 지금 종이컵 끝이 왜 둥근지 궁금해했군, 맞지?
아니, 어떻게 그걸?

종이컵 공장도 당연히 재료를 적게 쓰고 싶겠지.
적게 쓰면 값싸기도 하고, 또 많이 만들 수도 있으니 일석이조지!

하지만 종이컵은 재료를 더 써가며 끝을 동그랗게 말아놓어.

여기엔 과학적 원리가 담겨 있지!

말려있는 부분을 펴보면 확실하게 알 수 있어.

어때? 손에 힘을 줘서 잡는 순간 구겨져버려서 잡기가 쉽지 않지?

그런데 끝부분을 돌돌 말면, 놀랍게도 종이컵의 강도가 올라가!

이 효과는 종이컵 끝을 접어도 똑같이 일어나지.

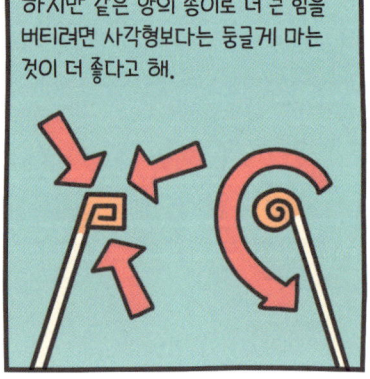
하지만 같은 양의 종이로 더 큰 힘을 버티려면 사각형보다는 둥글게 마는 것이 더 좋다고 해.

Question 27
운동선수마다 테이프 모양이 왜 제각각일까?

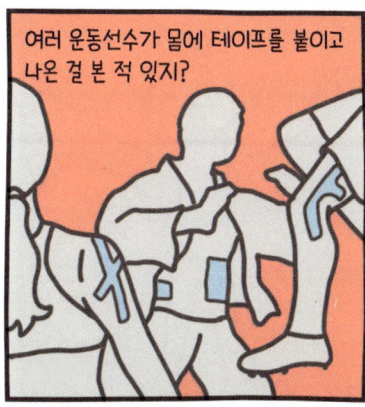
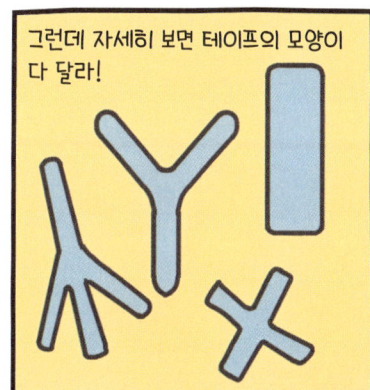

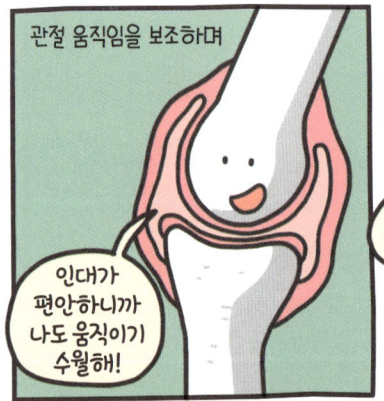

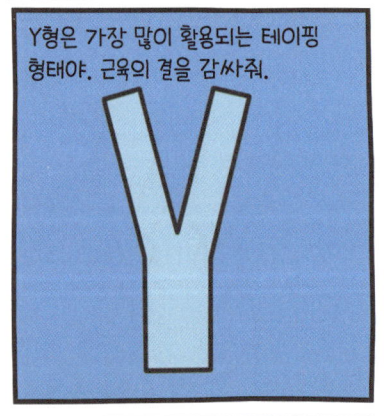
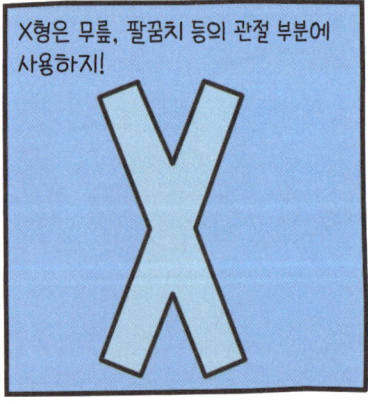

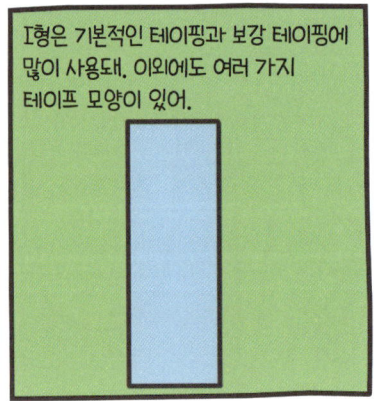

Question 28
우주 식량은 왜 찌부러진 모양일까?

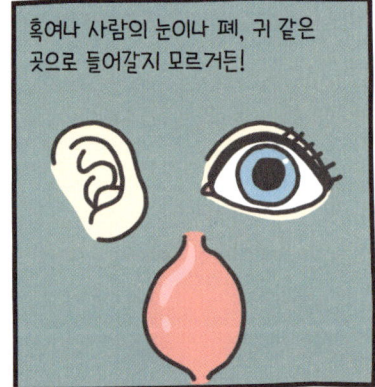

Question 29
뚫어뻥은 왜 반원형일까?

Question 30
사진에 왜 점이나 고리 모양이 생겼을까?

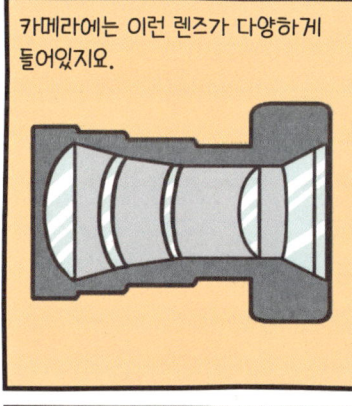

Question 31
뇌는 왜 호두 모양일까?

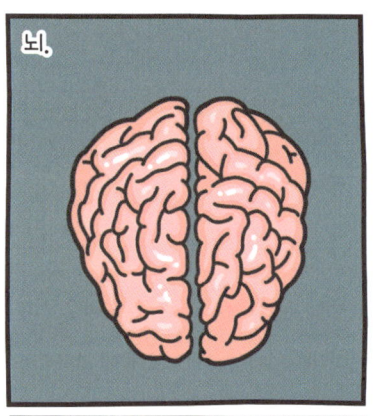

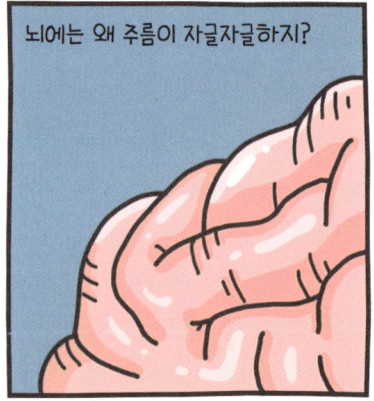
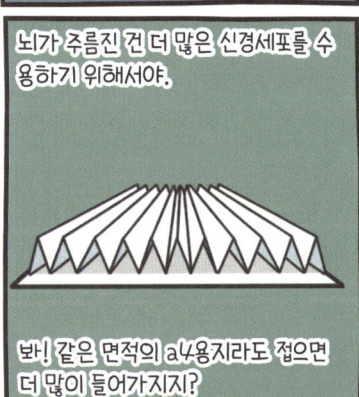
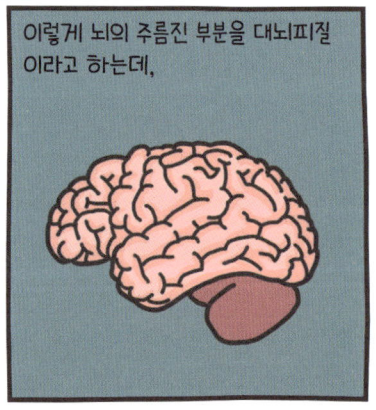

Question 32
풍력발전기 날개는 왜 세 개일까?

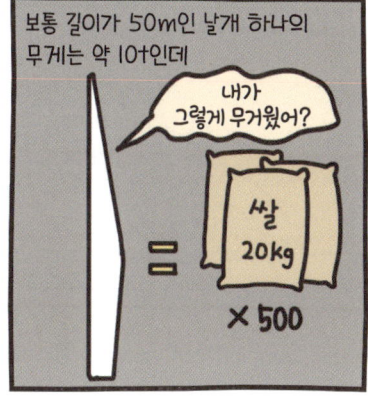

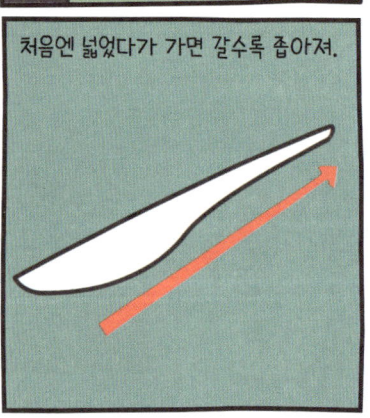

Question 33
귀가 왜 만두 모양일까?

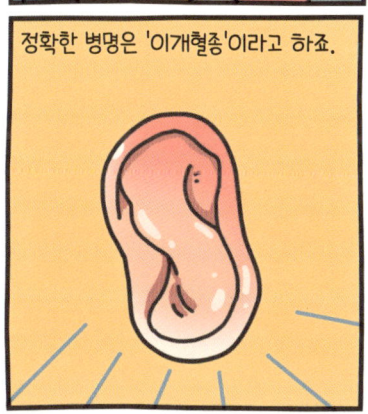
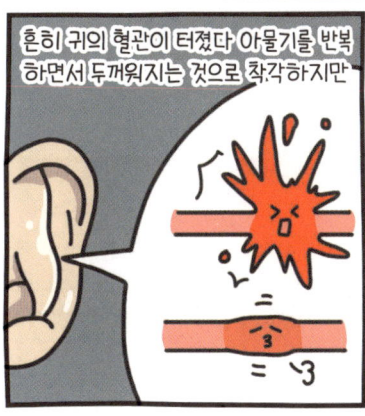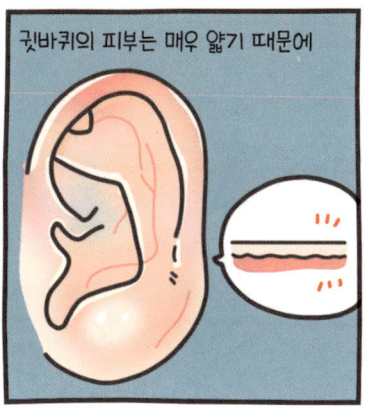

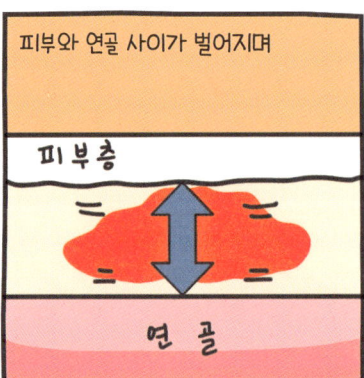

Question 34
문이 왜 빙글빙글 회전할까?

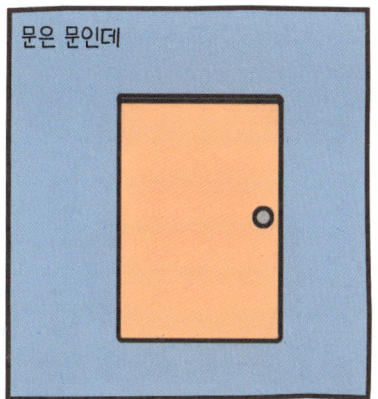

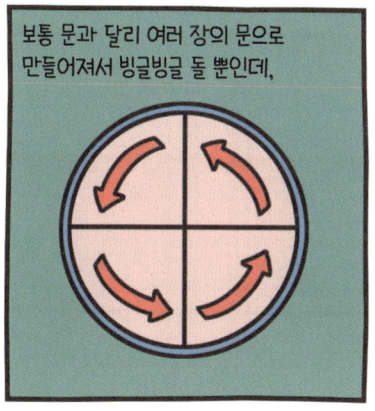

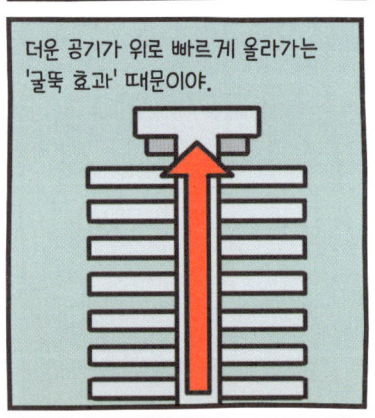

Question 35
논밭에 있는 초대형 마시멜로 모양은 무엇일까?

Question 36
초콜릿은 왜 결정 모양이 다를까?

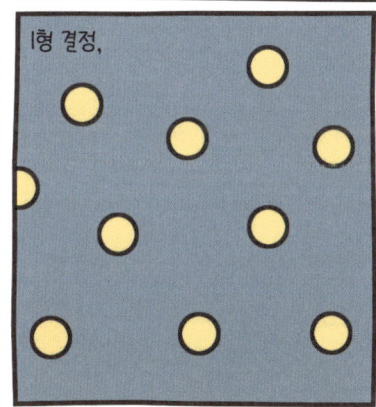
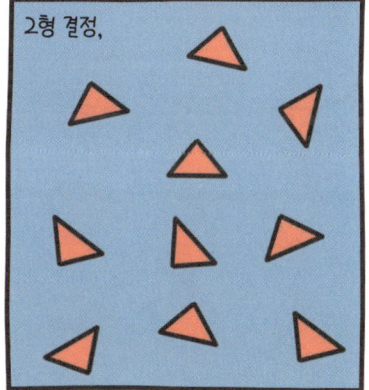
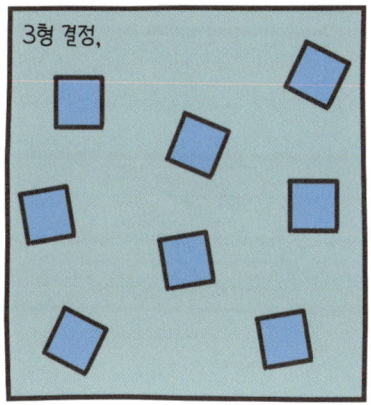
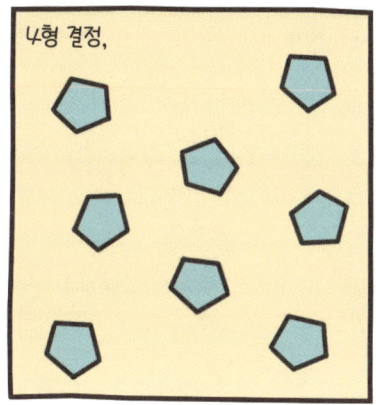
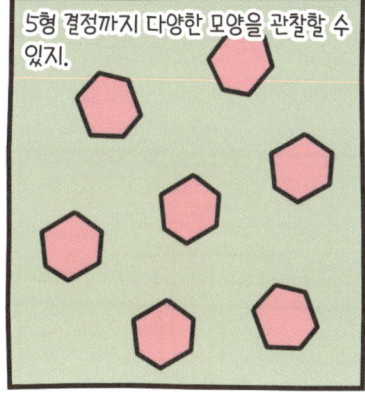

Question 37
소염기에는 왜 구멍이 뚫려있을까?

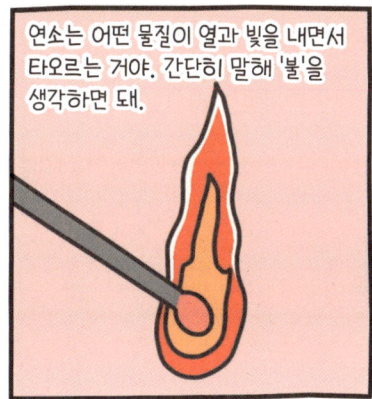

Question 38
뽁뽁이는 왜 올록볼록할까?

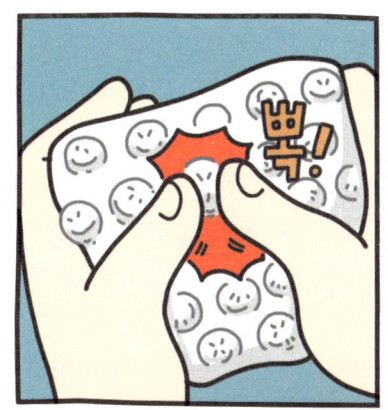

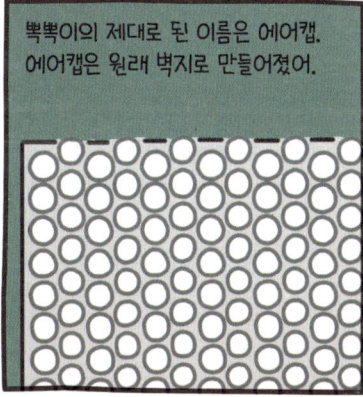

Question 39
고속도로에는 왜 홈이 파여 있을까?

과속.

음주 운전.

둘 다 교통사고로 이어지는 지름길이긴 하지만,

가장 큰 교통사고 사망 원인은 바로 졸음운전이야!

잠이 온다고 도로 위에서 졸아버렸다간

잠에서 깼을 땐 이미 천국일지도 모른다는 얘기지.

시속 100km로 움직이는 자동차에선

단 1초만 졸아도, 28m를 가버리게 된다니까?

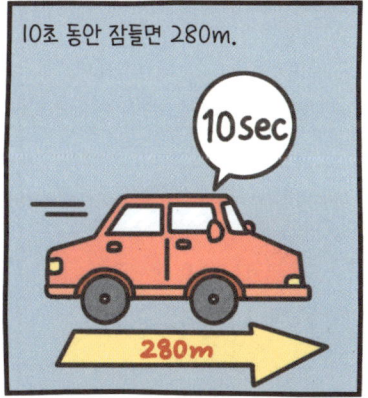
10초 동안 잠들면 280m.

그 사이에 사고가 안 나길 바라는 건 너무 뻔뻔한 거지.

그런데도 사람들은 잠을 이겨내지 못하고 교통사고를 내.

그 찰나의 순간이 목숨을 앗아갈 수 있다는 걸 알면서도 왜 그러나 몰라.

그나마 다행인 건 졸음운전을 막기 위한 장치가 있다는 건데, 혹시 알아?

일반 도로에는 거의 없어서 못 봤을지도 몰라.

하지만 고속도로를 타봤다면 한 번쯤 봤을 지 몰라. 도로에 파여있는 홈!

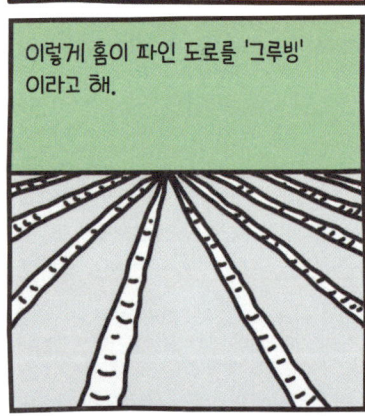
이렇게 홈이 파인 도로를 '그루빙'이라고 해.

자동차가 그루빙 위를 달리면 바퀴와 도로 사이의 마찰력이 커져서

시끄러운 소리가 나게 되고

운전자는 졸다가도 화들짝 놀라서 깰 수밖에 없어.

지금까지 몇 명의 사람을 구했을지. 아마, 셀 수도 없을 거야.

물론, 그루빙이 졸음운전 예방만을 위해 만들어진 건 아니야.

타이어의 홈 같은 역할을 하거든. 타이어의 홈은 자동차의 안전한 운행을 도와주지.

그루빙은 마찰력을 늘려주고, 도로 위의 물을 줄여줘서 비가 올 때 덜 미끄러지게 해줘.

그루빙이 대단하긴 하지만, 이걸 보겠다고 달리는 차에서 머리를 내밀면 안 돼!

Question 40
말발굽에 왜 U자 철판이 박혀있을까?

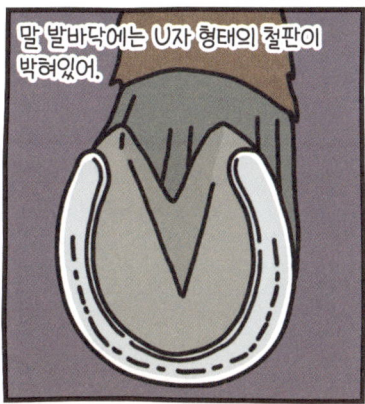
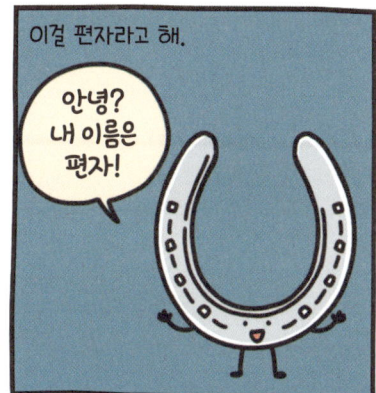

Question 41
열쇠는 왜 들쭉날쭉할까?

바늘과 실,

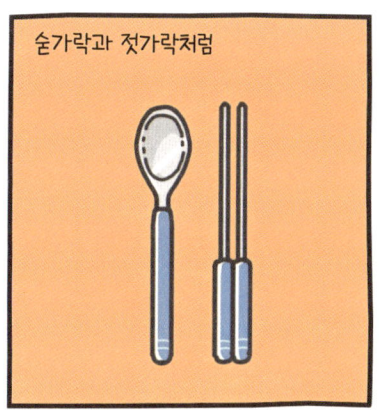
숟가락과 젓가락처럼

서로 따라다니는 열쇠와 자물쇠!

그런데 열쇠 모양은 왜 들쭉날쭉한 걸까?

그 비밀은 자물쇠를 빼놓곤 얘기할 수 없지. 자물쇠 안에 '실린더'라는 게 있거든.
내 안에 실린더 있다!

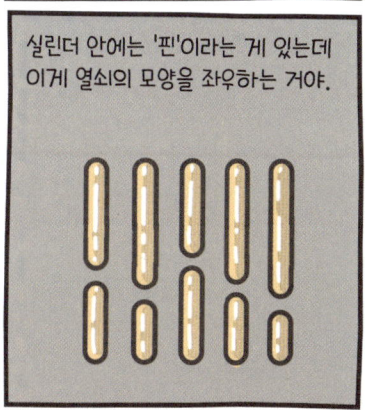
실린더 안에는 '핀'이라는 게 있는데 이게 열쇠의 모양을 좌우하는 거야.

실린더는 텀블러형 실린더와

튜블라형 실린더,

디스크형 실린더가 대표적!

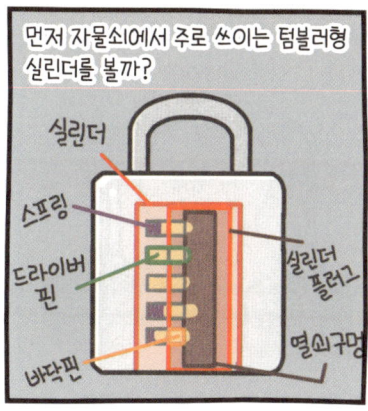
먼저 자물쇠에서 주로 쓰이는 텀블러형 실린더를 볼까?
실린더 / 스프링 / 드라이버 핀 / 바닥핀 / 실린더 플러그 / 열쇠구멍

핀의 높이를 보면, 실린더의 드라이버 핀과 바닥 핀의 높이가 제각각이지?

그게 정상이야. 그래야 자물쇠가 꽉 잠겨서 문이 열리지 않을 테니까.
꽉 잠겼네.

하지만 꼭 맞는 열쇠가 들어가게 되면 제각각이던 핀들이 경계선에 딱 맞게 되고,

이때 열쇠를 돌리면?

문이 열리지!
열렸다!

열쇠는 이런 핀들의 높이를 맞춰야 하니까 들쭉날쭉한 거야.
열쇠로 핀을 맞춰야 문이 열릴 거 아냐!

이건 튜블러형 실린더의 열쇠인데, 모양이 조금 이상하지?
나도 열쇠야!

튜블러형 실린더는 핀이 원형으로 배치가 되어 있거든.

텀블러형 실린더처럼 핀을 위아래로 맞추는 게 아닌, 앞뒤로 맞추는 형식이야.

자판기나 사무용 서랍 등에서 찾아보기 쉬워.

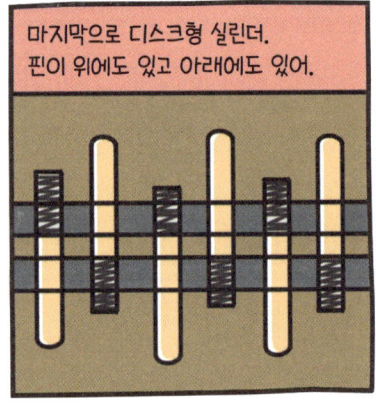
마지막으로 디스크형 실린더. 핀이 위에도 있고 아래에도 있어.

열쇠를 넣으면 열쇠가 판을 스프링이 있는 쪽으로 밀어내고 튀어나온 모든 판이 플러그 안쪽으로 들어가지.

자동차에서 주로 사용해.

열쇠 모양이 들쭉날쭉 비슷해 보여도 실은 다 다른 열쇠라는 게 재미있지?
너랑 나랑은 달라!!

Question 42
라면은 왜 꼬불꼬불할까?

1963년 9월 15일. 우리나라 최초의 라면이 출시됐어.

첫 라면은 닭 육수로 맛을 낸 하얀 라면이었지.

그때는 지금처럼 밥을 대신하는 대용식이 아니라 보양식처럼 여겼어.
"라면이라니! 오늘 무슨 날인가?"

우리가 잘 아는 매콤한 쇠고기 육수는 70년대에 개발됐고,

80년대에는 짜장과 비빔라면 등이 개발되면서

라면 업계에는 대성공 시대가 열렸지.
"라면 다 가져와!"

그런데 라면은 왜 죄다 꼬불꼬불한 모양인 걸까?

그 이유 중 하나는 좁은 면적에 최대한 많은 양을 담기 위해서야.
"이만한 봉투에 최대한 많이 넣으려면?"

라면 하나의 길이는 35~50m 사이로 무척 길거든. 건물로 치면 12층~16층 사이의 길이야.

어라? 근데 왜 실뭉치처럼 돌돌 뭉치지 않았을까? 그게 더 좁은 면적에 많은 양을 담을 수 있지 않을까?

그렇게 하지 않은 건 다른 이유로 이어지지.

지방 등 영양가를 높이면서 보존 기간을 길게 하려면
"영양가를 챙길 수 있고"
"잘 썩지 않는 모양.."

Question 43
지문은 왜 사람마다 모양이 다를까?

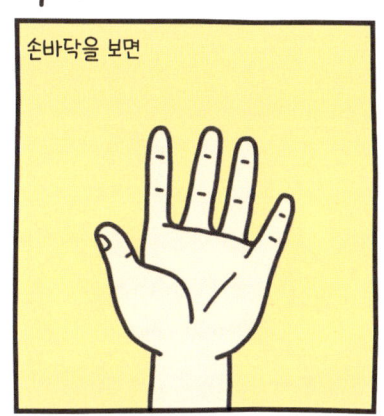
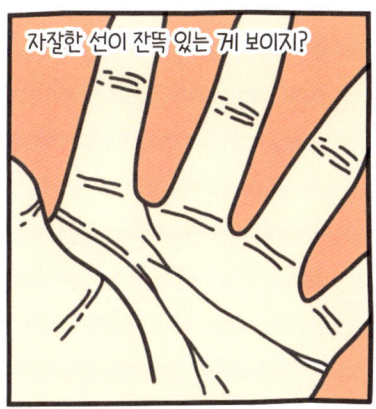

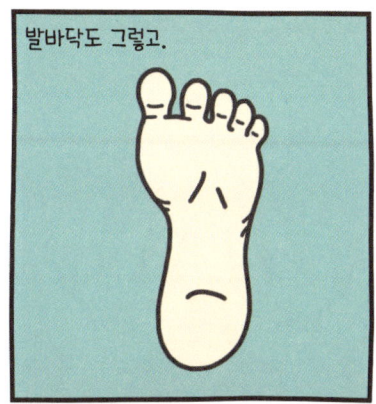

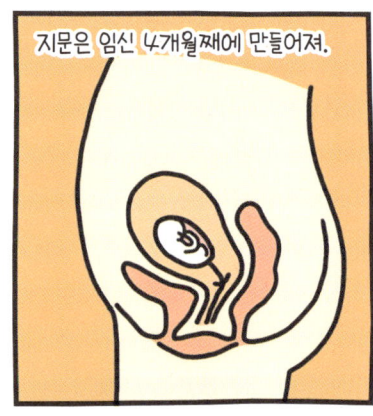

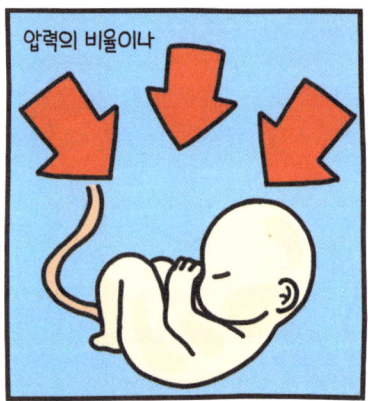
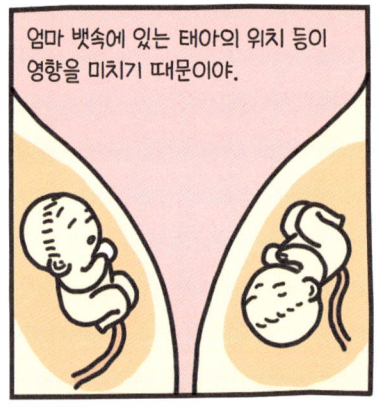

Question 44
구름이 왜 UFO 모양처럼 생겼을까?

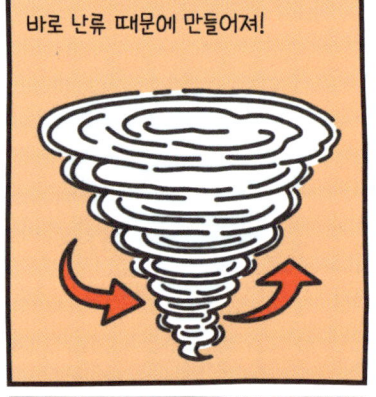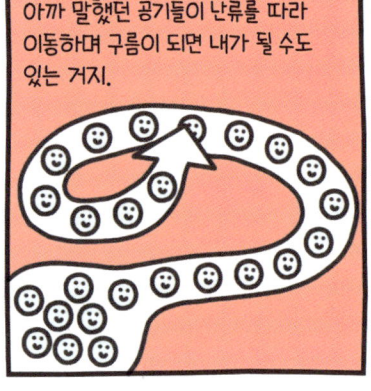

Question 45
불꽃은 왜 꽃 모양일까?

우리가 흔히 보는 불은 대충 이런 모양인데,

폭죽의 불꽃은 왜 이렇게 가지각색의 모양인 걸까?

'불로 만들어진 게 아닌가?' '실은 번개 같은 거 아냐?'

라고 의심하는 당신. 당신은 틀렸어!

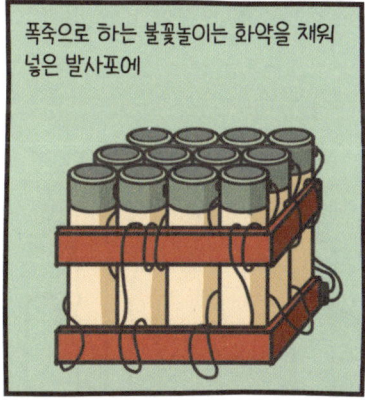
폭죽으로 하는 불꽃놀이는 화약을 채워 넣은 발사포에

연화라는 화공품을 공중으로 쏘아 올려 터뜨리는 거야.

간단하게 말해서, 공중에서 폭탄을 터뜨리는 거지.

불꽃놀이 하면 바로 떠올리는 모양. 국화.

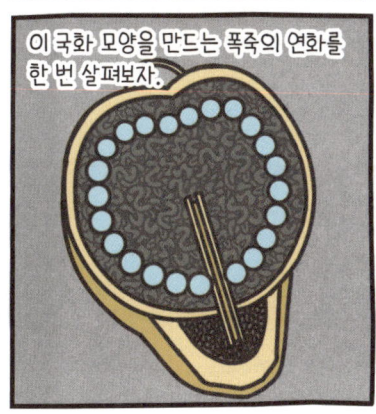
이 국화 모양을 만드는 폭죽의 연화를 한 번 살펴보자.

먼저, 겉에는 공중으로 올라갈 때까지 내용물을 보호해주는 종이 껍질이 있어. '옥피'라고 해.

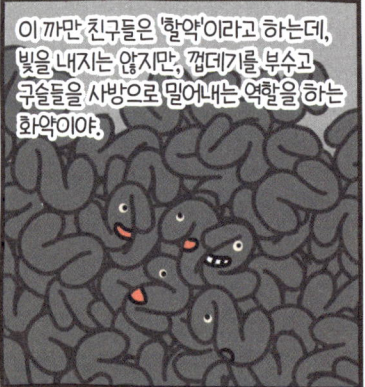
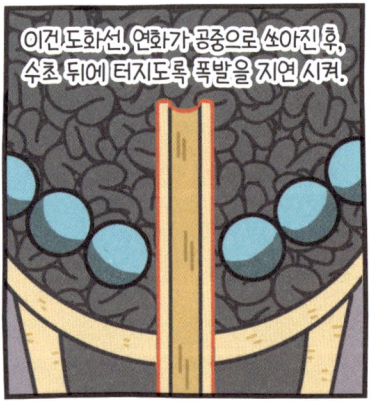

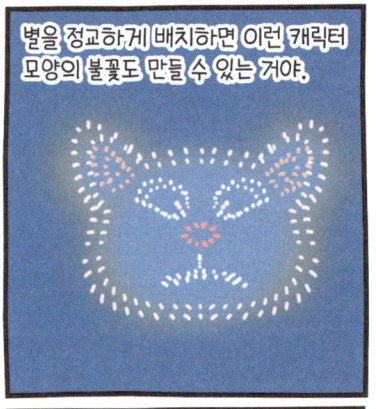

Question 46
배는 왜 유선형 모양일까?

안녕, 나는 배야.

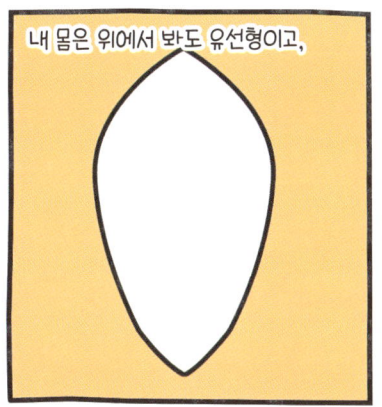
내 몸은 위에서 봐도 유선형이고,

정면에서 봐도 유선형이지. 유선형이 뭐냐고? 앞부분은 곡선! 뒤로 갈수록 뾰족해지는 모양을 말해!

나뿐만이 아냐. 요즘 배들은 다 그래.

유람선,

화물선,

군함,

쇄빙선,

또 어선같이 작은 배들도 말이야.

왜 이런 모양인지 알려면, 물의 성질에 대해 먼저 알아야 해.
물은 저항할 것이다.

물속에서 걷거나 뛰면 잘 움직여지지도 않고, 물이 날 막는 것 같잖아? 물의 저항하는 성질 때문이야.
맨땅이랑 다르네. 잘 못 걷겠어.

물에는 점성이 있어서 우리 몸의 모든 면에 달라붙어.
꼭 붙어있어야지~

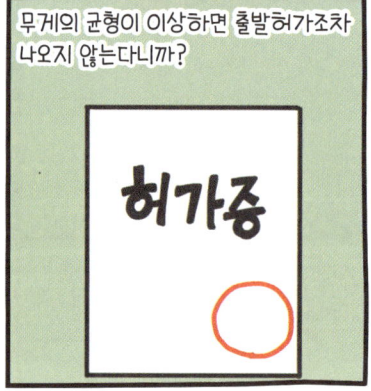

Question 47
사막은 왜 주름져 있을까?

이게 뭘까요?

할머니의 주름진 이마? 땡!
뭐라고!? 이놈을 그냥!

정답은 사막의 모래!

안녕? 난 사막에 있는 바르한! 초승달 모양의 모래언덕이야.

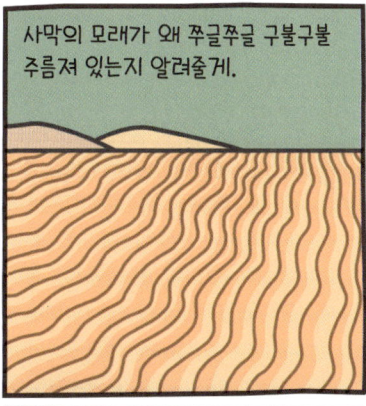
사막의 모래가 왜 쭈글쭈글 구불구불 주름져 있는지 알려줄게.

그 전에! 다양한 모래언덕이 어떻게 만들어졌는지 알면 좋을 거야.

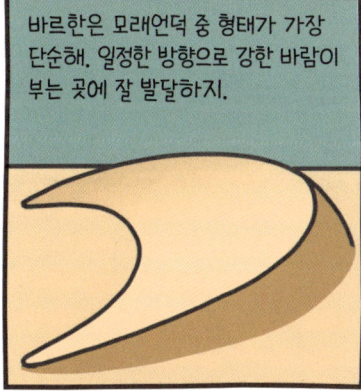
바르한은 모래언덕 중 형태가 가장 단순해. 일정한 방향으로 강한 바람이 부는 곳에 잘 발달하지.

바람을 타고 날아간 모래가 방해물을 만나 걸리면서 초승달 모양으로 쌓이게 된 거야.
와우! 날아간다!
으악! 부딪히겠어!

왜 초승달 모양이냐면,

모래의 양이 적은 양 끝은 이동 속도가 빠르고, 모래의 양이 많은 중앙부는 이동 속도가 느려서 그래.
모래가 많다. 속도↓
속도↑ 모래가 적다.

단면으로 보면, 오목한 곳이랑 경사진 부분이 보일 거야.

일정한 방향의 바람이 만든 모래 언덕이니까 그렇지, 뭐.
난 이쪽으로만 갈 테다!

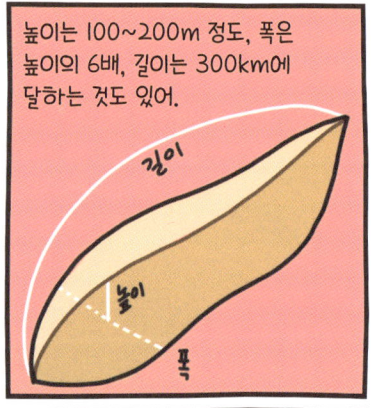

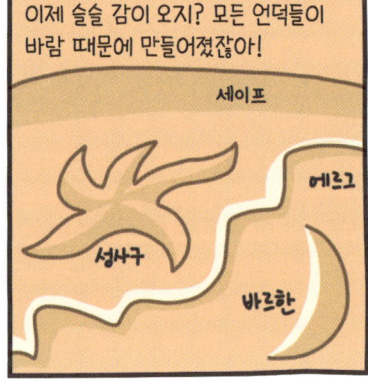

Question 48
무한궤도는 바퀴인데 왜 길쭉할까?

울퉁불퉁한 땅,

진흙투성이인 땅,

눈길과 빗길.

이렇게 불편한 땅 위에서 운전한다고?

차라리 도로를 까는 게 안전하고 편리하지 않겠어?

이런 엉뚱한 발상이 무한궤도를 낳았어.

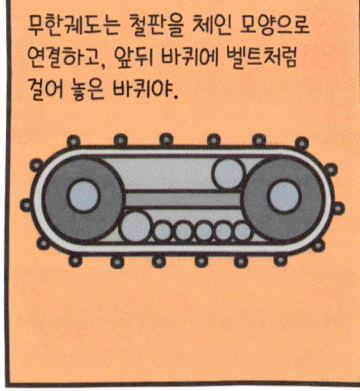
무한궤도는 철판을 체인 모양으로 연결하고, 앞뒤 바퀴에 벨트처럼 걸어 놓은 바퀴야.

탱크,

굴착기,

기중기 등 군용 차량이나 건설, 농업용 차량에 많이 사용해.

무거운 차량이 일반 바퀴를 사용했다가는

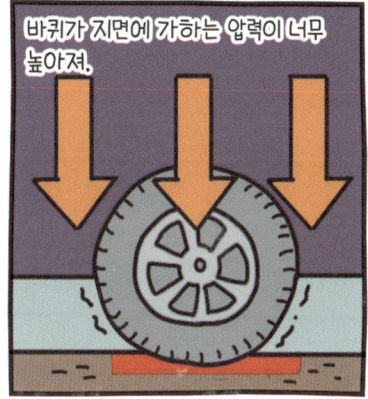
바퀴가 지면에 가하는 압력이 너무 높아져.

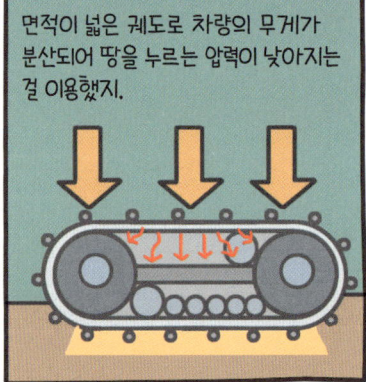

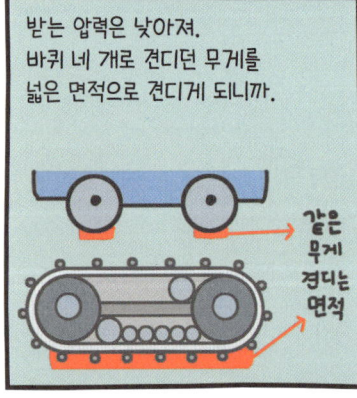

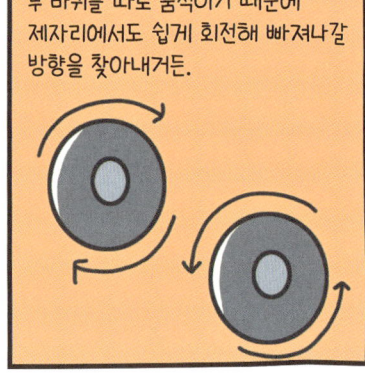

Question 49
연필은 왜 육각형일까?

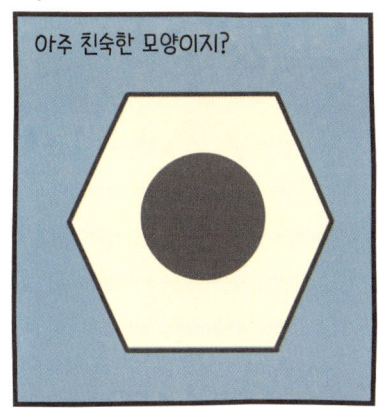
아주 친숙한 모양이지?

안녕? 난 연필이야.

물론 원형 연필이나

삼각형 연필,

사각형 연필도 있지만...

대세는 바로 나! 육각형 연필이걸랑!

예전엔 사람들이 연필심만 썼었는데, 손에 자꾸 얼룩이 남았어.

그래서 처음에는 로프를 감아서 쓰다가,

나중에는 지금처럼 나무로 감싸게 됐지.

그런 뭣 모를 시기에 나온 게 사각형 연필이야. 가장 오래됐어.
내가 제일 늙었어!

그렇지만 사각형 연필은 낭비가 심했어. 나무가 많이 쓰이거든.
연필 만들게 싹 다 베어!

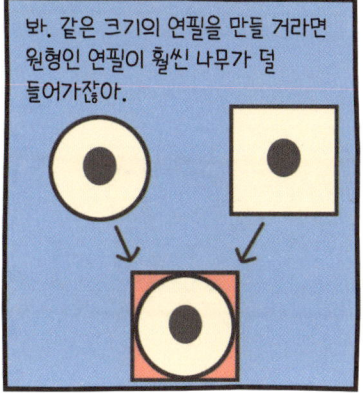
봐. 같은 크기의 연필을 만들 거라면 원형인 연필이 훨씬 나무가 덜 들어가잖아.

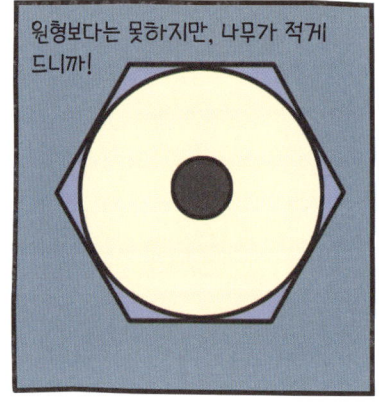

Question 50
만년필 펜촉은 왜 갈라지고 구멍이 났을까?

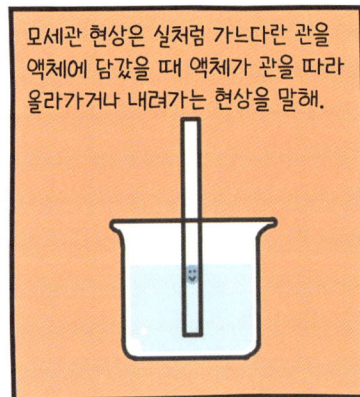

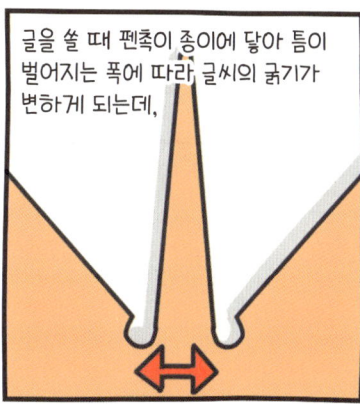

Question 51
부메랑은 왜 윗면이 볼록할까?

안녕! 난 부메랑! 부메랑에도 다양한 종류가 있다는 걸 아니?

우리가 잘 알고 있는 A형 부메랑은
안녕! 나 알지?

멀리 날아가는 게 특징이지만,

공기의 저항이 적어서 던지는 기술이 좀 필요해.
자꾸만 바닥에 꽂히네. 왜 못나는 거야! 왜!

세 개의 날개가 정삼각형 형태를 이루는 삼각형 부메랑은 날개가 많아진 만큼

공기 저항이 심해 A형 부메랑보다 비행거리가 짧고,
오~ 좀 날 줄 아는 놈인가?

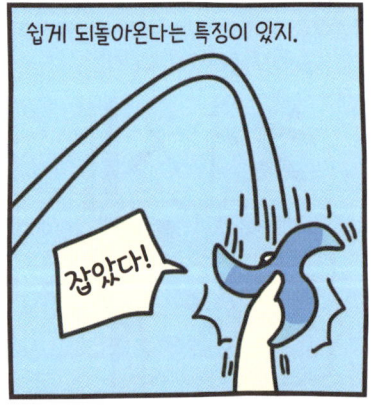
쉽게 되돌아온다는 특징이 있지.
잡았다!

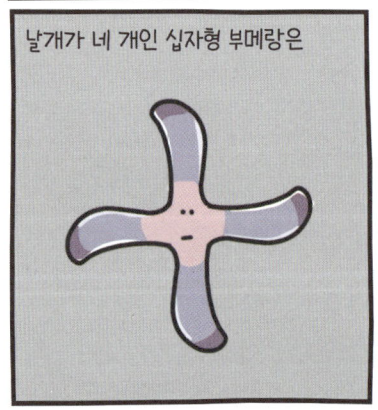
날개가 네 개인 십자형 부메랑은

공기 저항이 심해 A형 부메랑보다 비행거리가 짧고,
뭐야, 쟤네 왜 이렇게 잘 날아...

아주 쉽게 되돌아오기 때문에 좁은 공간에서도 던질 수 있는 장점이 있어.
공간이 좀 좁아도 OK!

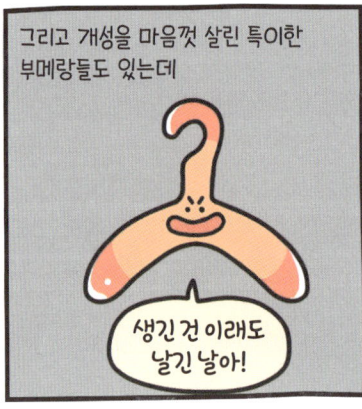
그리고 개성을 마음껏 살린 특이한 부메랑들도 있는데
생긴 건 이래도 날긴 날아!

엄청 다양해!
우리 모두 부메랑!

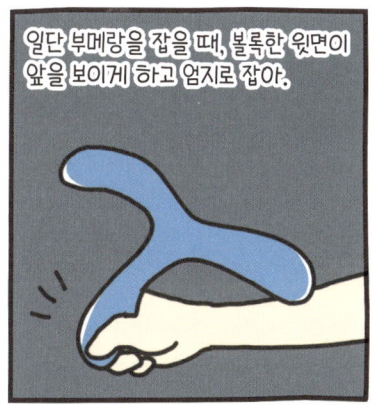

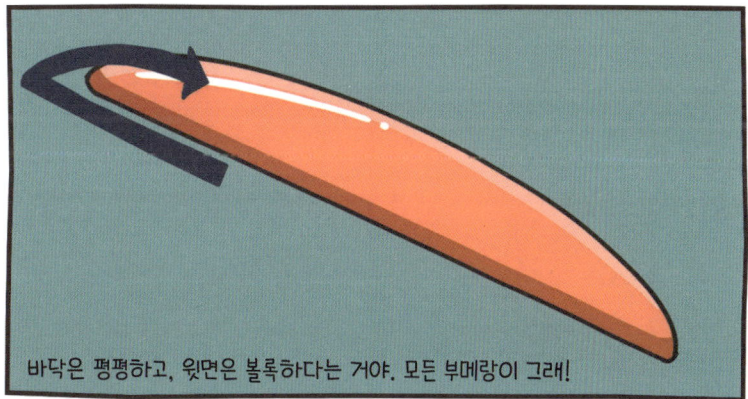

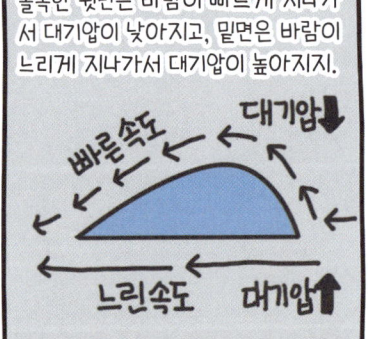
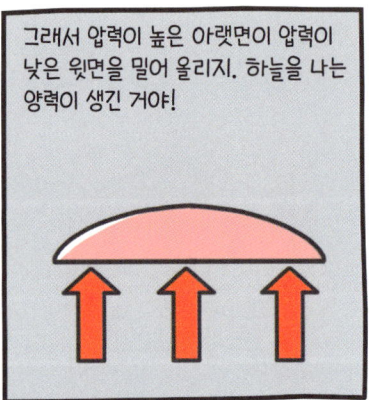
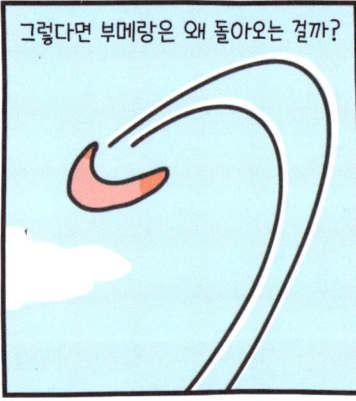
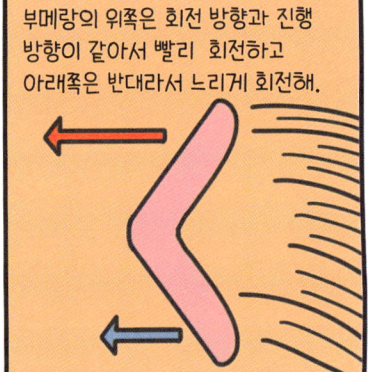

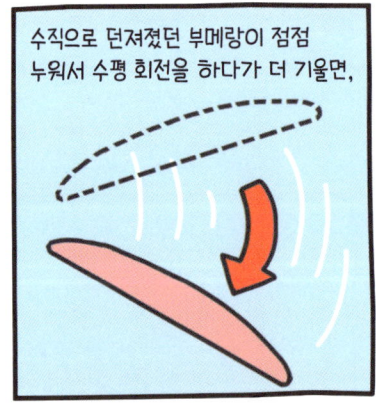

Question 52
도르래는 왜 바퀴를 잔뜩 단 모양일까?

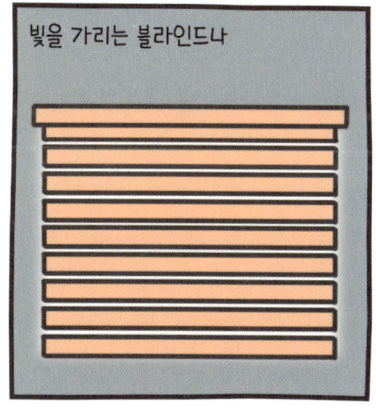

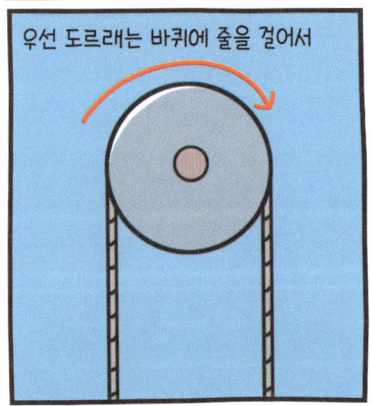

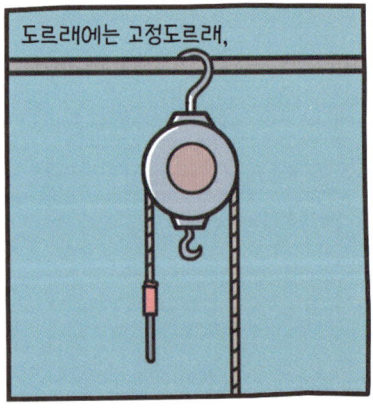
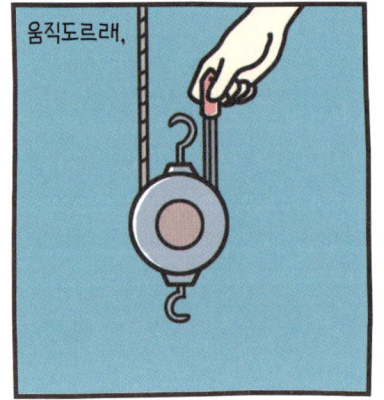
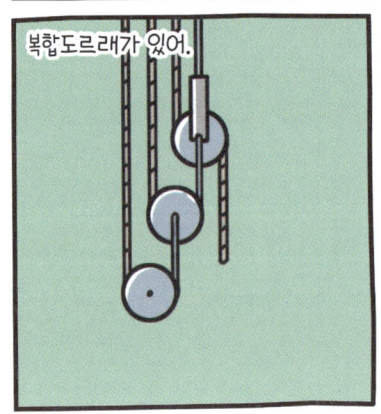

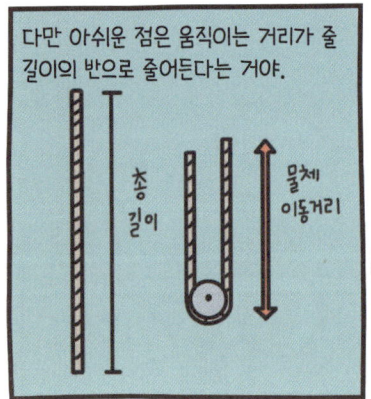

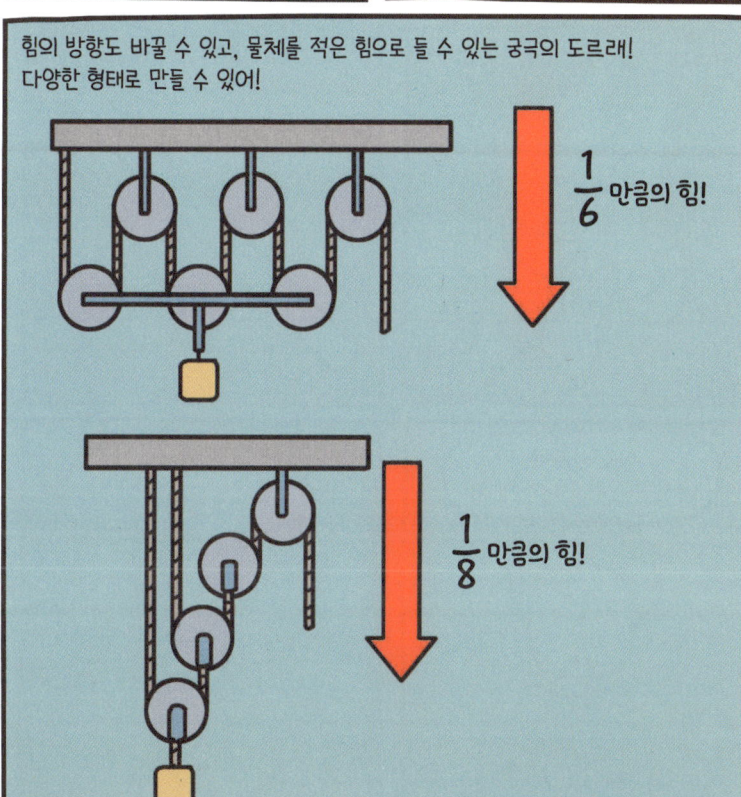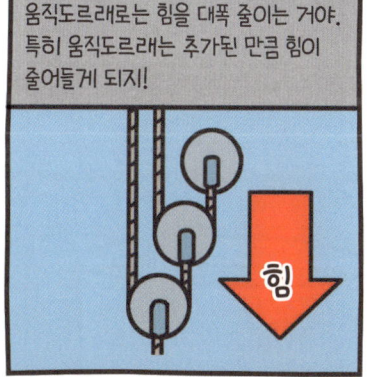

Question 53
이 빨대는 왜 이렇게 생겼을까?

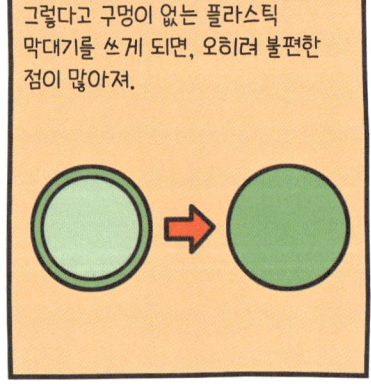

Question 54
의자 다리는 왜 네 개일까?

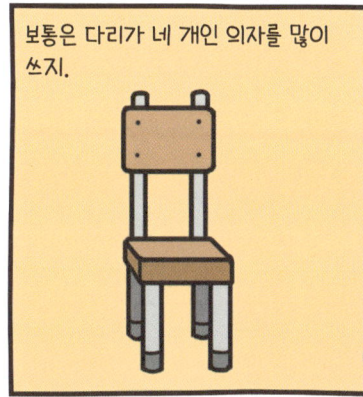

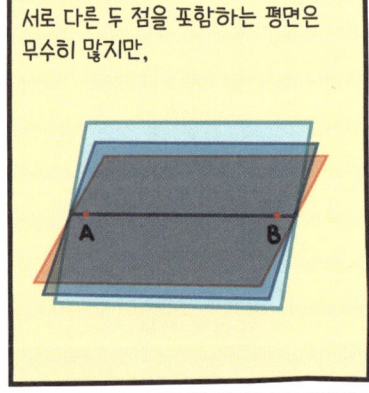
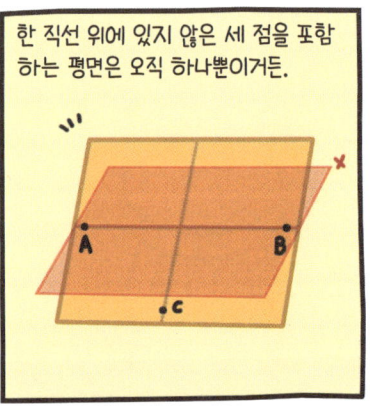

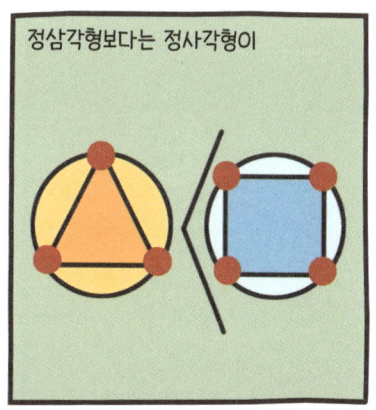
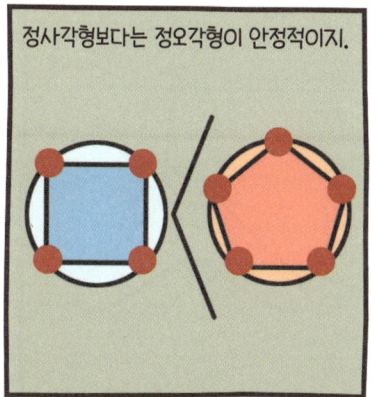

Question 55
피자에는 왜 삼발이 모양의 물건이 들어있을까?

안녕하신가! 나는 피자 세이버!

피자를 지키는 자다!

배달된 피자 상자를 열면 날 볼 수 있지.

어떤 피자 브랜드든지,

무슨 맛의 피자든지 말이야.

무엇으로부터 피자를 지키냐면…

바로 박스로부터 피자를 지키는 거야!

피자는 만들자마자 상자에 넣어서

배달하는 게 아냐.

이렇게 자른 다음에 상자에 넣어서 배달하는 거지.

그래야 사람들이 피자를 먹을 때 편하게 먹으니까,

그런데 이 상태에서 배달을 시작하면,

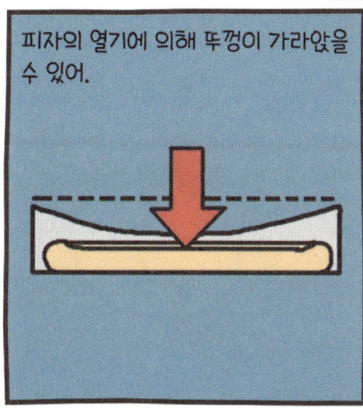

Question 56
회 밑에 깔린 면 같은 것은 무엇일까?

Question 57
왜 같은 세탁기인데 모양이 다를까?

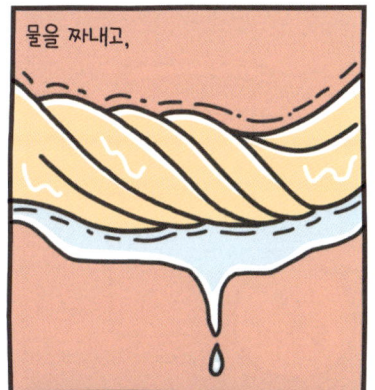

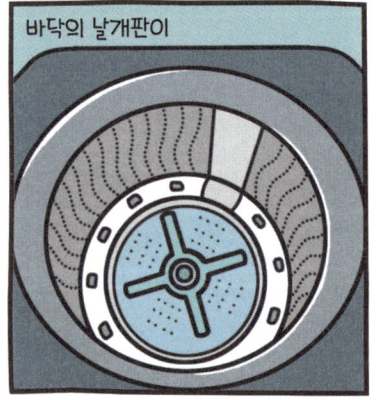

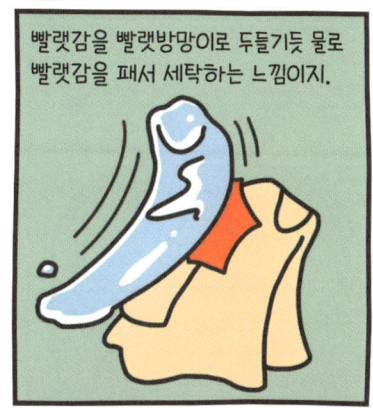
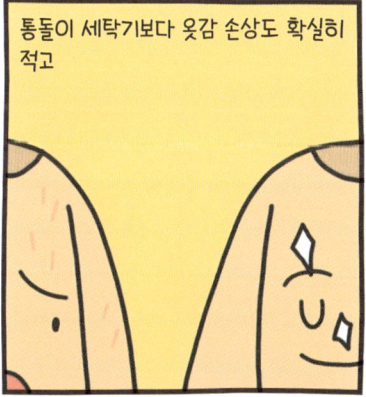

Question 58
손난로에 똑딱이는 왜 들어있을까?

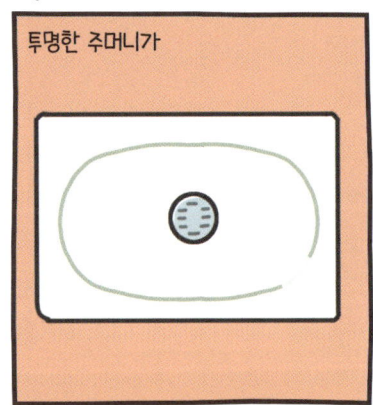
투명한 주머니가

안에 든 똑딱이만 누르면

하얗게 굳어서 따뜻한 손난로가 된다는 게 말이 돼?

심지어 펄펄 끓는 물에 담가두면

재사용할 수 있다니!
내일 또 써야지~

이건 똑딱이가 부린 요술이 분명해!
누구냐, 너. 어디서 그런 요술을 배웠지?

그렇게 생각했다면 그것참 미안하게 됐소.

난 손난로에 속 든 똑딱이라고 하는 놈인데, 완전 헛다리 짚은 거요.

내가 하는 일이라곤 정말 똑딱똑딱 소리를 내며 움직이는 것뿐이오.

손난로의 비밀은 바로 담겨 있는 액체에 있다오.
나?

눈치챘겠지만 손난로에 담긴 액체는 단순한 물이 아니오.
투명한 액체라고 전부 물은 아니지.

아세트산나트륨이라는 녀석이 들어있지.

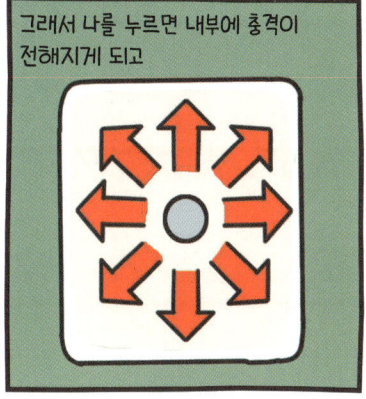

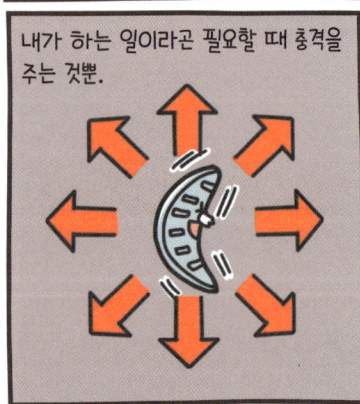

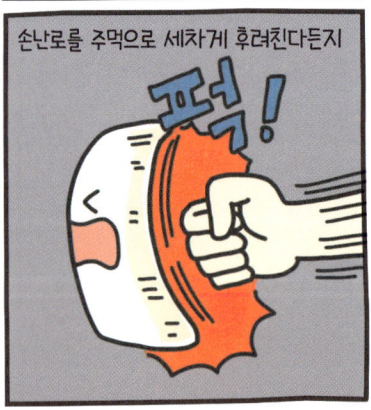

Question 59
압력솥은 왜 정수리에 손잡이를 달고 있을까?

Question 60
구기 종목마다 왜 공 모양이 다를까?

구기 종목은 공을 사용하는 경기를 말해.

축구나

야구,

탁구,

볼링 같은 것 말이야.

구기 종목은 공과, 공을 다루기 위한 도구에 따라 여러 가지 종목으로 나눌 수 있어.

구기 종목의 종류가 정해진 건 아니지만 대개 골형,

네트형,

타깃형,

배트형으로 나뉘어져.

골형은 말 그대로 공을 골대에 넣는 거야.

축구, 농구, 핸드볼, 수구 같은 종목은 맨발이나 맨손으로 공을 골대에 넣으면 돼.

153

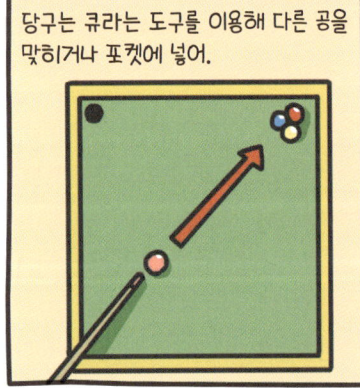

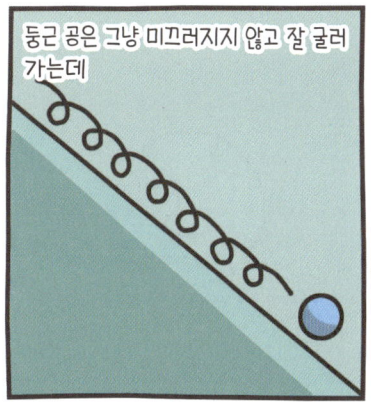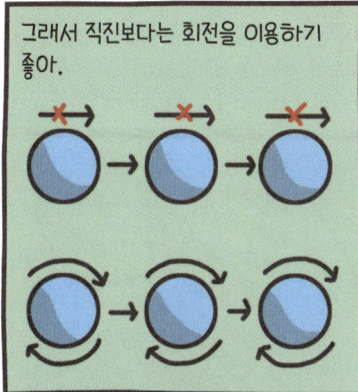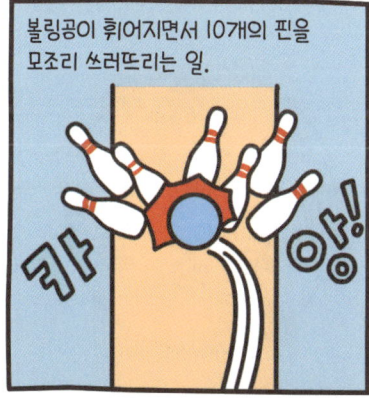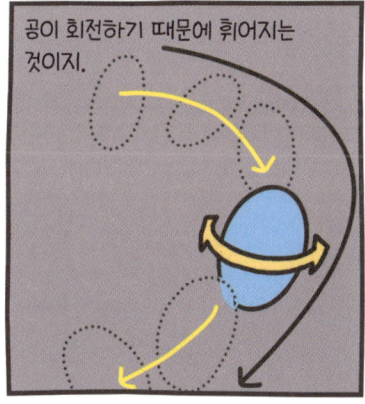

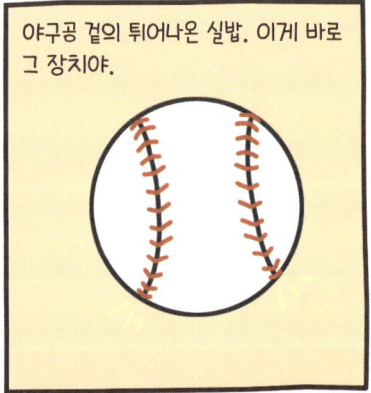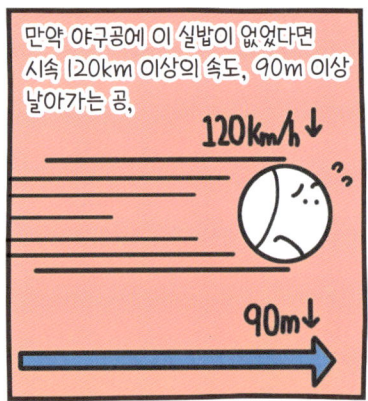

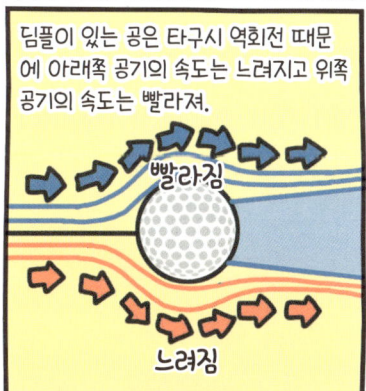

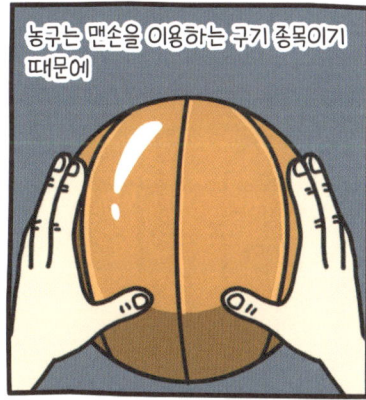

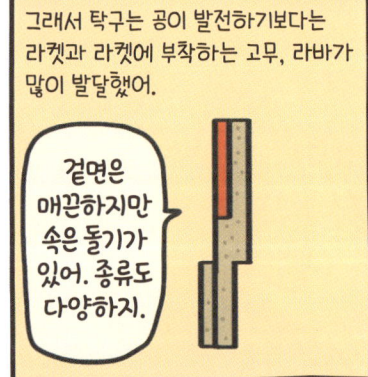

Question 61
날개가 없는 모양의 선풍기는 정체가 뭘까?

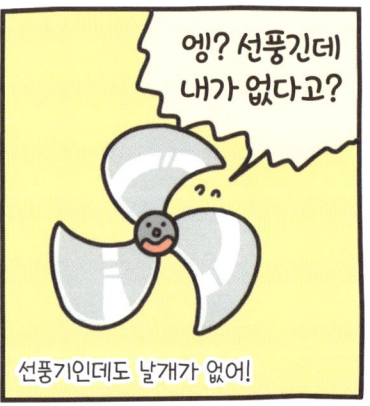

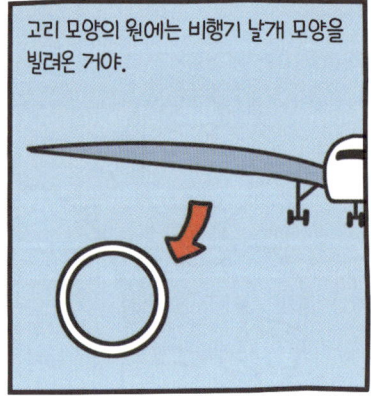

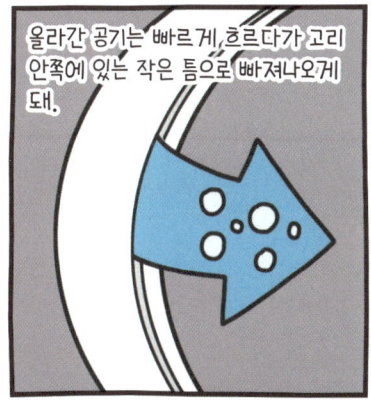

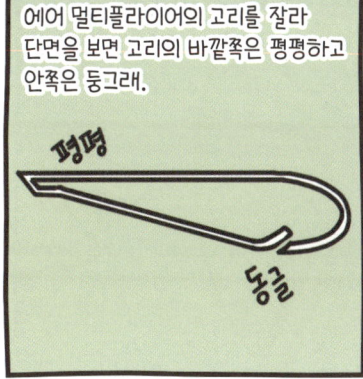

Question 62
나사는 왜 빙글빙글 홈이 파여있을까?

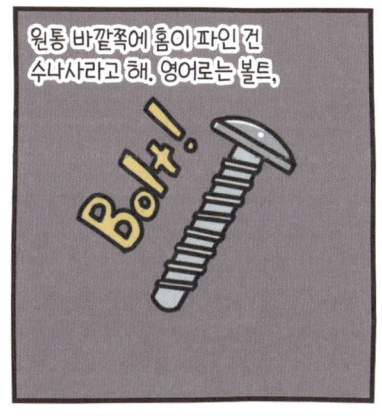

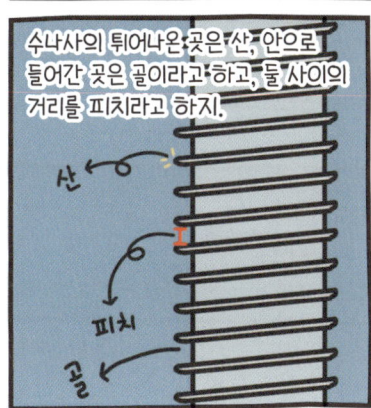

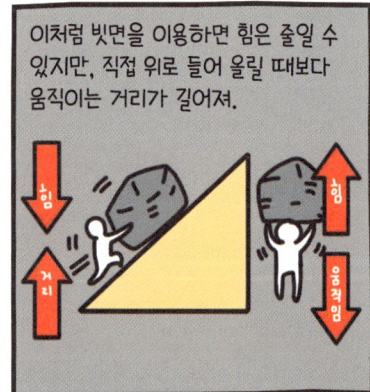

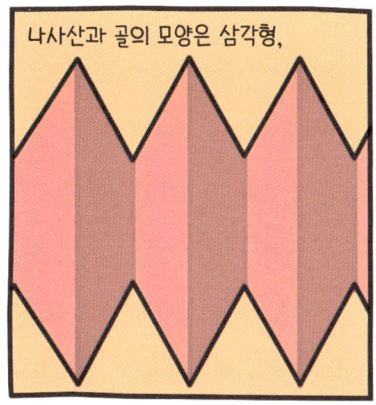
나사산과 골의 모양은 삼각형,

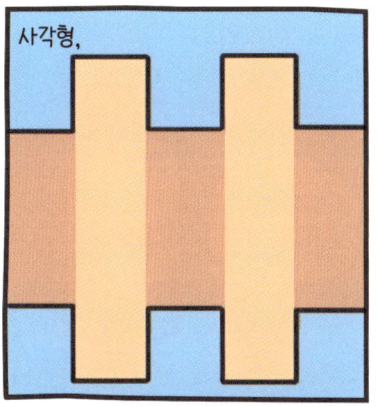
사각형,

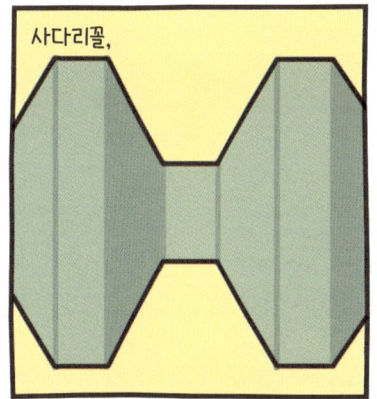
사다리꼴,

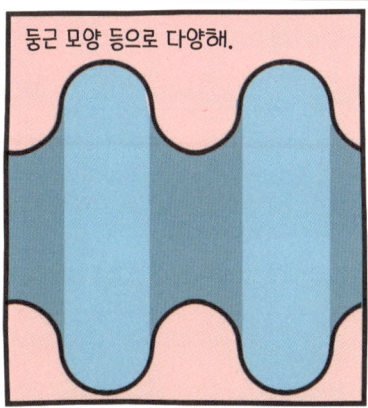
둥근 모양 등으로 다양해.

삼각형은 주로 물체를 결합하는 데 사용하고,

웬만한 물건 조립은 다 삼각 나사야!

사각형이나 사다리꼴은 큰 힘을 전달하는 프레스,

잭,

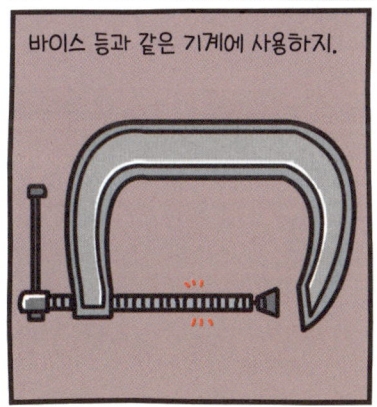
바이스 등과 같은 기계에 사용하지.

둥근 모양은 보통 전구와 소켓을 연결하는 데 쓰이는데,

먼지나 모래가 들어가기 쉬운 곳이라면 대부분 둥근 모양을 사용해.

또 나사는 들어가는 회전 방향에 따라 오른 나사와

왼나사로 분류되기도 한다니 쪼끄매도 실속은 있나 봐?

Question 63
액체는 왜 왕관 모양으로 떨어질까?

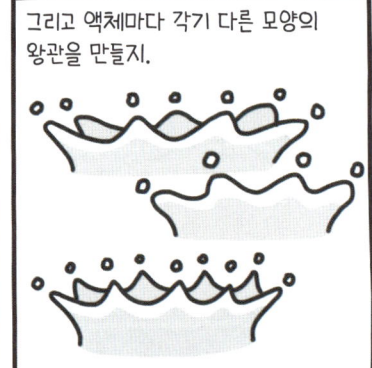

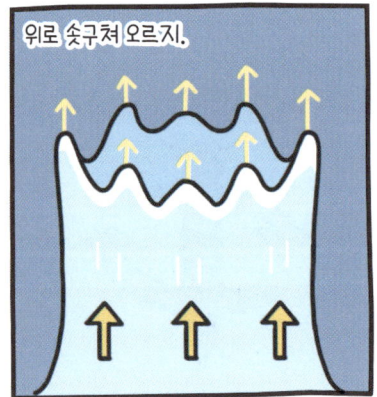

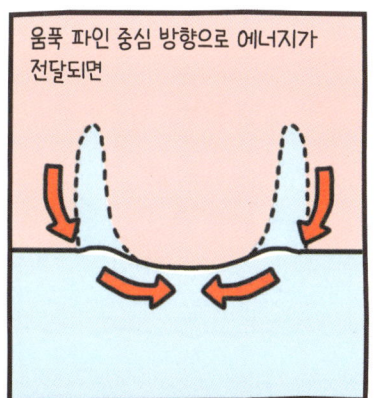

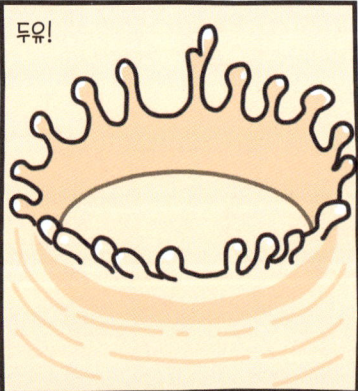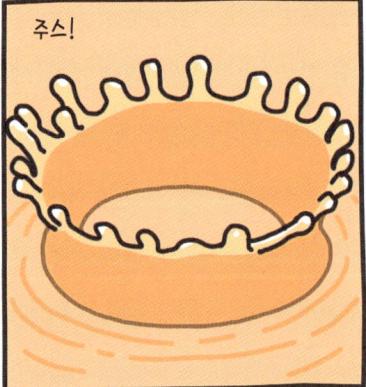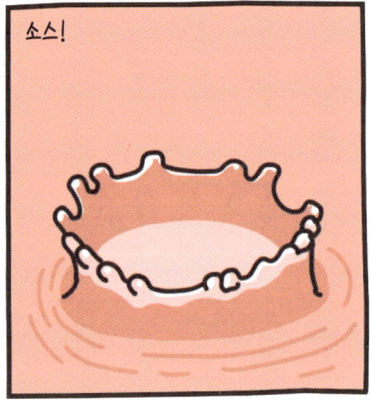

Question 64
스포츠화는 왜 그렇게 모양이 다양할까?

운동할 때 신는 신발, 스포츠화.

해야 하는 운동에 따라 어울리는 신발이 달라져.

축구에는 축구화.

역도에는 역도화.

복싱에는 복싱화.

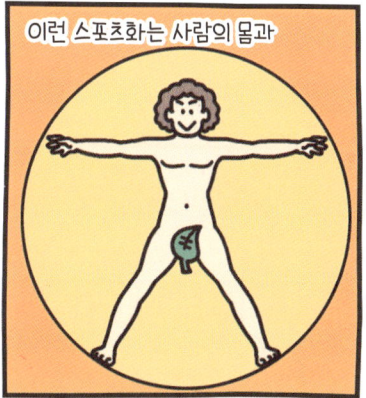
이런 스포츠화는 사람의 몸과

각각의 스포츠를 깊게 연구해서 내놓은

'승리를 위한 반걸음'이라고 할 수 있어.

반드시 승리하리라!

일반 신발보다 운동능력을 크게 높여주거든.

몸놀림이 왜 저리 좋지?

물론, 초보가 스포츠화를 신었다고 돌연 엄청난 고수가 되지는 않아.

완전히 돼지 목에 진주 목걸이로군.

동등한 실력의 누군가와 겨루거나

경쟁할 때

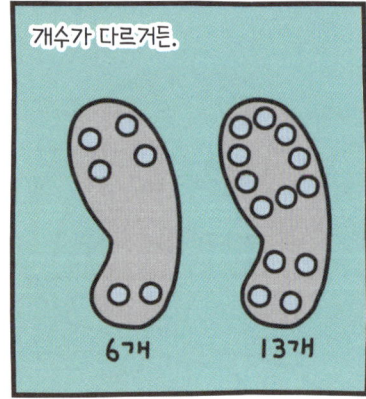
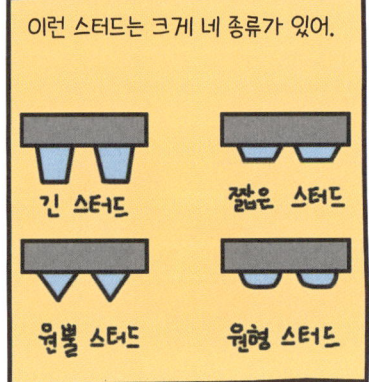

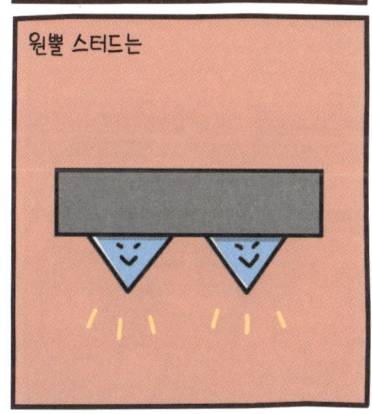

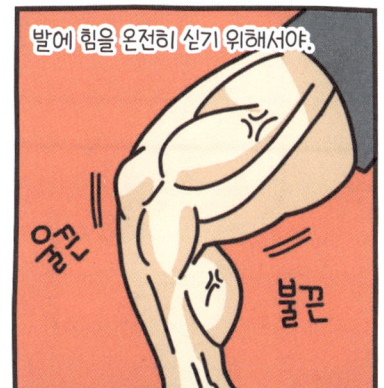

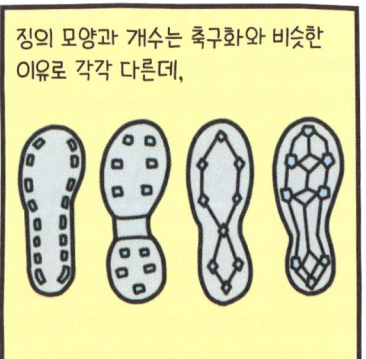
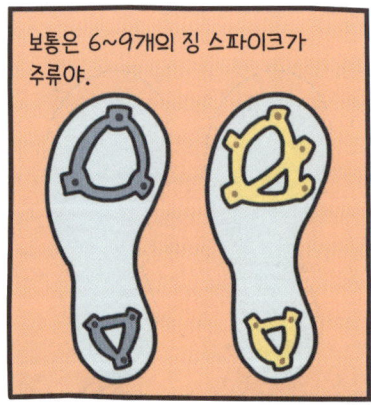

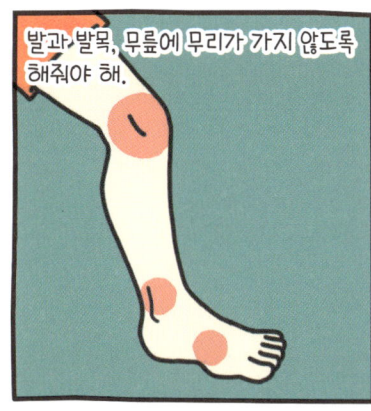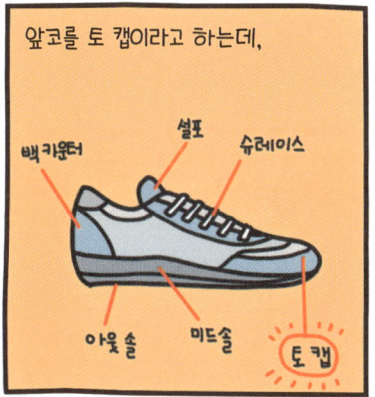

MEMO

왜 이런 모양일까?

2판 1쇄 2021년 7월 1일

저   자 Mr. Sun 어학연구소
펴 낸 곳 OLD STAIRS
출판 등록 2008년 1월 10일 제313-2010-284호
이 메 일 oldstairs@daum.net

가격은 뒷면 표지 참조
979-11-91156-16-4

이 책의 전부 또는 일부를 재사용하려면 반드시 OLD STAIRS의 동의를 받아야 합니다.
잘못 만들어진 책은 구매하신 서점에서 교환하여 드립니다.

공통안전기준 표시사항

- **품명** : 도서
- **재질** : 지류
- **제조자명** : Oldstairs
- **제조국명** : 대한민국
- **제조연월** : 2021년 5월
- **주소** : 서울특별시 마포구 양화로12길 24, 4층
- **KC인증유형** : 공급자적합성확인

KC마크는 이 제품이 공통안전기준에 적합하였음을 의미합니다.
책 모서리에 찍히거나 책장에 베이지 않게 조심하세요.